生のまま!

野菜まるごと冷凍テクニック

はじめに

忙しくて買い物に行けない日や、疲れて帰った日の晩ごはんに、
冷凍した肉や魚はあるけど野菜が足りない！
といった苦い経験はありませんか？

実は肉や魚と同じように、野菜もそのまま冷凍できるんです！
よく使う野菜は切って冷凍しておいても便利ですが、
冷凍の手間が減る「まるごと冷凍」が私のおすすめ。

例えばトマトやピーマンなすなどの実野菜はまるごと冷凍に向いているので、
野菜を洗ったら冷凍用保存袋に入れて冷凍室へ！
やるのはたったこれだけだから、冷凍にかかる手間と時間を減らせます。

使う時は、室温に3～5分ほど置けばサクサク切れるし、
凍ったまままるごと調理できる野菜もたくさんあるから、とにかくラク。

さらに切り口がないので劣化もしにくく、
おいしさや栄養を長期間キープしてくれます。

野菜のまるごと冷凍は、いいこと尽くめ。
冷凍の手間を減らして、おいしく保存したい！
そんな思いを叶えた一冊になっていますので、
目からうろこの新常識を、ぜひ実感してください。
果物や加工食品も紹介しています。

料理研究家　島本美由紀

生のまま!

野菜まるごと冷凍テクニック

contents

Part 2

37

便利なまるごと冷凍！

「その他の野菜」

Part 3

65

便利なまるごと冷凍！

「果物」

Part 4

85

便利なまるごと冷凍！

「その他」

野菜のまるごと冷凍

ここがすごい！

本書で紹介する野菜のまるごと冷凍は、そのまま、
もしくは1個ずつラップで包んでから冷凍用保存袋に入れて冷凍したものです。
冷凍したことで組織が壊れているので、火の通りや味の染み込みも早くなりますが、
それ以外にも食事づくりをラクにする、すごいメリットがたくさんあります。

下ごしらえなしでラク！

そのまま、もしくは1個ずつラップで包んでから冷凍用保存袋に入れるだけなので、下ごしらえなしでラク！　切る作業や難しいテクニックもいらないので簡単。まとめ買いをしてもすぐに冷凍できるので食材もムダになりません。

劣化しにくいので長持ち！

まるごと冷凍なら切り口がないので、包丁で切った野菜よりも劣化しにくく、乾燥と酸化を防いでおいしく長持ちします。旬のうまみや栄養価をそのまま閉じ込められ、包丁で切った野菜の約2倍以上長持ちします。

凍ったまま調理できる！

ミニトマトやトマト、ピーマンやオクラ、いんげんなど、カットしなくても凍ったままそのまま調理できる野菜もあるので、解凍時間を待たずに、すぐに調理ができてラク。炒め物や煮物などに重宝します。

凍ったままでも切れる！

凍ったまま、もしくは冷凍室から出して室温に3～5分ほど置けば、解凍しなくても包丁で好きな大きさに切れ、普段通りに使えます。使う用途が決まっていないときなどはまるごと冷凍が便利です。

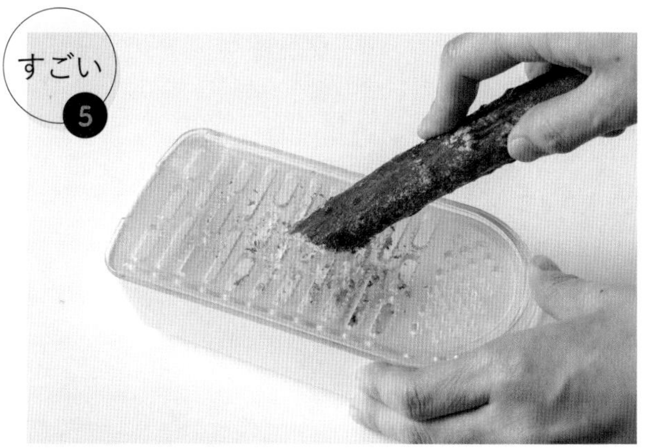

凍ったまますりおろせる！

トマトやきゅうり、長いもなどは、凍ったまますりおろせます。おろしたては、生とは違ったふわふわのひんやり新食感に。レモンは皮ごとすりおろせるので、ぱっとさわやかな香りが広がります。

皮がつるんとむける！

まるごと冷凍したトマトやさといもなどは、水につけると簡単に皮がむけます。そのため、お湯を沸かす手間もかからず下ごしらえがラクに。ぶどうやキウイなども水につけると皮がするりとむけて食べやすいですよ！

フードロスが減らせる！

まるごと冷凍なら約２か月の冷凍保存ができ、焦って消費しなくてもいいので便利。ただし、入れっぱなしで忘れないように、月に１度は冷凍室を見直して使っていきましょう。

野菜のまるごと冷凍

おいしく冷凍するコツ

野菜のまるごと冷凍に難しいテクニックはいりませんが、
おいしく冷凍するためのコツをまとめてみました。

新鮮なものを冷凍する

野菜は傷みそうになってから急いで冷凍するのではなく、新鮮なものを冷凍しましょう。日がたつと鮮度とともに味や栄養価も落ちてしまいます。野菜をムダにせず、節約にもつながります。

コツ
2

洗って水けを拭く

野菜に余分な水分が残っていると、霜がついて味が落ちたり、劣化する原因になったりします。野菜を洗ったらザルにあげて水けを切り、ペーパータオルで残った水分をしっかり拭き取ってから冷凍しましょう。

コツ3

冷凍用保存袋に入れる

庫内の乾燥から守るために、保存袋は必ず冷凍専用のものを使うこと。厚手の素材なので、乾燥と酸化からしっかり守ってくれます。雑菌がついていると食中毒などの原因になるので、保存袋は常に新しいものを使いましょう。

ラップで包む野菜もあります

水分が多くてくっつきやすい野菜や皮が薄いもの、香りをしっかり残したいものはラップで包んでから冷凍用保存袋に入れたほうがおいしさをキープできます!!

コツ4

空気を遮断する

庫内はとても乾燥しています。食材を冷凍用保存袋に入れたら、袋の中の空気をしっかり抜きましょう。できるだけ空気を遮断することで乾燥と酸化を防いでくれるので、冷凍した食材がおいしく長持ちします。

まるごと冷凍にはストローが便利

まるごと冷凍の場合は、袋の中に空気が残りがちなので、ストローを使いましょう。中の空気を吸い出すとしっかり空気が抜けるので、真空に近い状態にすることができます。

コツ5

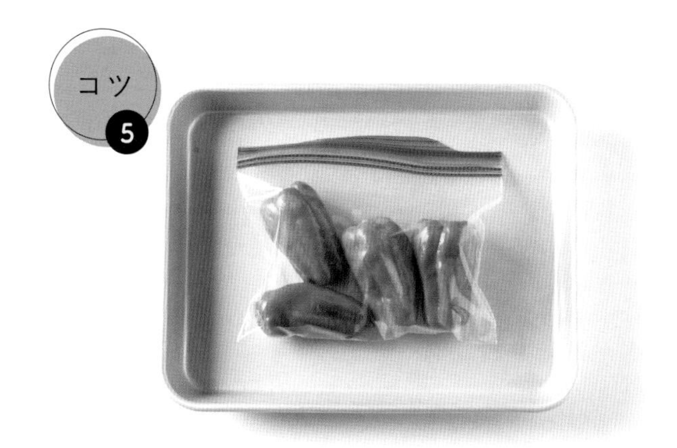

素早く凍らせる

凍らせるスピードが遅いと食材の水分が大きな氷の結晶となり、食感や風味が悪くなります。まるごと冷凍だと薄く平らにできないものもあるので、熱伝導のよい金属製のトレイにのせて素早く冷凍しましょう。

野菜のまるごと冷凍

調理方法

まるごと冷凍した野菜をおいしく食べるには、まるごと冷凍ならではの調理方法や食べ方が分かれば簡単です。覚えておきたい4つの調理方法＆食べ方をご紹介します。

まるごと調理する

一部の野菜は、凍ったまままるごと加熱調理ができます。例えばさやいんげんやしし唐は、凍ったまま肉巻きやフライにしたり、炒め物にしたり。ピーマンをまるごと煮びたしにすれば、タネやヘタもやわらかくなりまるごと食べられるので、食品ロスの削減にもつながります。

切って調理する

凍ったまま、もしくは冷凍室から出して室温に３～５分ほど置けば、解凍しなくても包丁で好きな大きさに切れ、普段通りに使えます。野菜は冷凍したことで組織が壊れているので、火の通りや味の染み込みも早くなります。解凍を急いでいるなら電子レンジで１分ほど加熱して半解凍で切りましょう。

凍ったまま食べる

一部の野菜や果物は、凍ったまま、もしくは半解凍した状態で食べることができます。凍ったままなら冷たい食感が楽しめます。ミニトマトなら凍ったままひんやりマリネに、果物ならスムージーに。トマトやレモンなどは、凍ったまますりおろす食べ方もあります。

半解凍＆全解凍で食べる

一部の野菜や果物は、半解凍や全解凍をして食べることができます。まるごとのまま自然解凍をするか、急いでいる場合は電子レンジで解凍してもOK。全解凍すれば、ピーマンや茄子などの野菜はおひたしに、いちじくやりんごなどの果物はコンポート風の食感が楽しめます。

再冷凍はNG！

解凍して使い切れなくても、再冷凍はやめましょう。解凍時にうまみや水分が出てしまうので、再冷凍してもおいしく食べられません。また、空気に触れると雑菌が繁殖しやすくなるので、衛生面でもNGです。

野菜のまるごと冷凍

基本のグッズ

野菜をまるごとおいしく保存するために必要なアイテムをご紹介。
身近な道具でおいしく保存ができます。

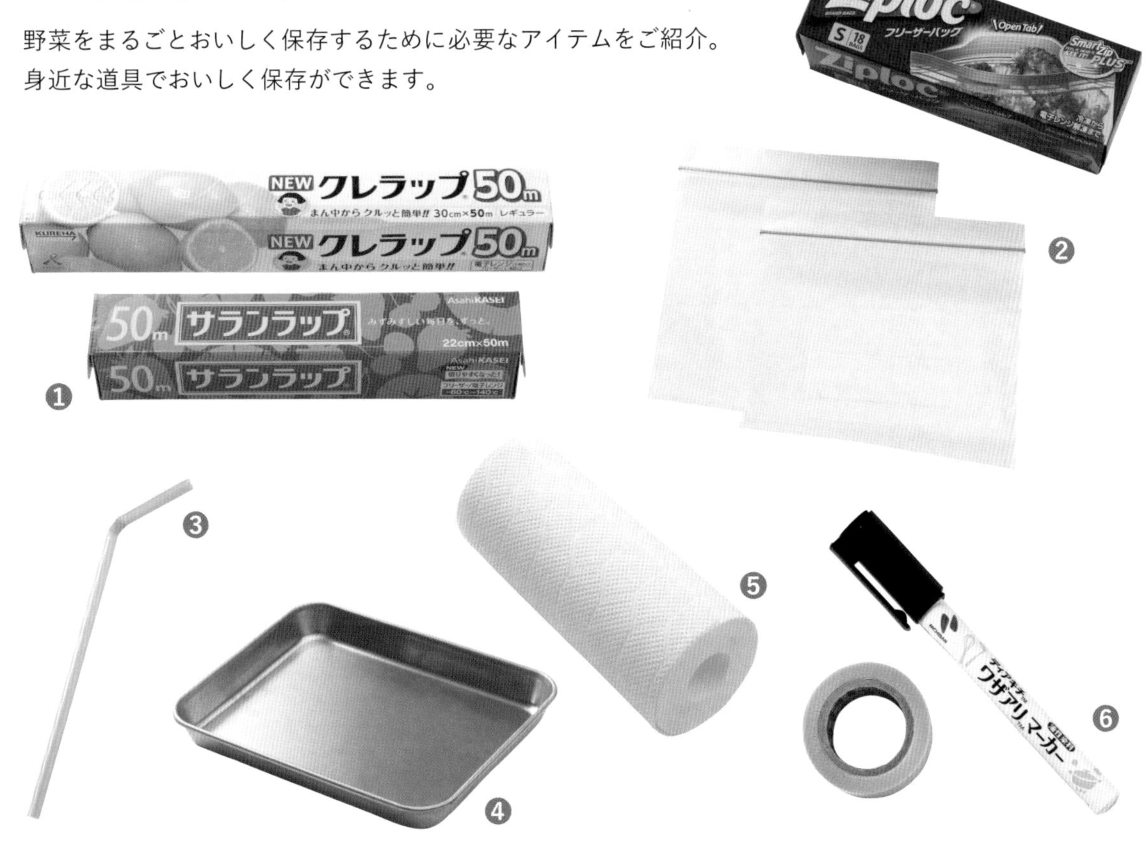

❶ラップ

乾燥や酸化しやすい野菜は、ラップでぴったりおおってから冷凍用保存袋に入れましょう。量や大きさによって使い分けができるように、大小のサイズを揃えておくと便利です。

❷冷凍用保存袋

保存袋は必ず冷凍用を使いましょう。厚みがありしっかりとしているので破れにくく、庫内の乾燥から守ってくれます。使いまわしせず、新しいものを使いましょう。

❸ストロー

まるごと冷凍の場合は、袋の中に空気が残ってしまうので、ストローを使うと便利。袋の中の空気を吸い出すことで、しっかり空気が抜けるので真空に近い状態にすることができます。

❹金属製のトレイ

まるごと冷凍だと薄く平らにできないものもあるので、熱伝導のよい金属製のトレイにのせて素早く冷凍しましょう。短時間で冷凍できれば、味や食感が損なわれにくく、おいしさもキープできます。

❺ペーパータオル

水分がついていると霜がついて劣化しやすくなるので、野菜を洗ったらペーパータオルで水けをしっかり拭き取りましょう。

❻ペン＆ラベル

ラベルやマスキングテープなどに、中身と日付を記入して袋の上につけておくと、袋を持ち上げなくてもすぐに探せます。袋に直接書いてもOKです！

●この本の使い方

目次（P4～5）やINDEX（P94～95）を参照に、食材を調べて活用してください。保存期間や使い方の解凍時間は、あくまで目安です。季節や住環境、気温などの条件によって多少変わることがありますので、様子を見て調整してください。

Part 1 便利なまるごと冷凍！「果野菜」

ミニトマト

旬 6月～8月

選び方 赤みが濃くてムラがなく、皮にツヤとハリがあるもの。ヘタが緑色で、ピンとしているものを選びましょう。

凍ったまま使えるからラク。面倒な皮むきも簡単です！

冷凍手順

1 ヘタを取る。
2 洗って水けを拭く。
3 冷凍用保存袋に入れて冷凍する。

保存期間

2か月

使い方＆食べ方

冷凍ミニトマトは、凍ったまま皮ごと食べられるので、そのままシャーベットやスープなどの煮込み料理に使えます。水にさらせば皮がツルンとむけるので（写真）、口当たりをよくしたいソースやマリネにもおすすめです。

mini Recipe

ミニトマトのひんやりマリネ

材料とつくり方（つくりやすい分量）

冷凍ミニトマトなら時短でマリネがつくれます。冷凍ミニトマト1パック分を水にさらして皮をむく。ボウルに入れ、酢大さじ2とはちみつ大さじ1を加えてよく混ぜ、器に盛れば完成です！　ひんやりしたまま食べてもおいしいマリネです。

14

チキンのミニトマト煮込み

ミニトマトは糖度が高いので、濃厚な味わいに仕上がります！

材料（2人分）
冷凍ミニトマト　1パック分
鶏もも肉　1枚
塩・こしょう　各少々
サラダ油　大さじ1
にんにく（薄切り）　½片分
酒　大さじ1
醤油　小さじ2
粉チーズ　適量
バジル　10枚

つくり方
1 鶏肉は8等分に切って塩・こしょうをする。
2 フライパンにサラダ油とにんにくを入れ中火で熱し、香りが出たら1を入れ両面焼く。焼き色がついたら冷凍トマトと酒を加えて蓋をし、5分ほど蒸し焼きにする。
3 醤油を加えて軽く煮絡め、器に盛る。
4 粉チーズを振り、ちぎったバジルを飾る。
※皮ごと加えていますが、食感をよくしたい場合は皮をむいてから調理してください。

15

❶旬＆選び方
最もおいしい時期と選び方のコツを紹介しています。

❷冷凍手順
保存方法の手順を紹介しています。

❸保存期間
冷凍の保存期間を表示しています。

❹使い方＆食べ方
おすすめの使い方や食べ方を紹介しています。

❺らくワザ＆ミニレシピ
調理のらくワザやおいしいミニレシピを紹介しています。

❻おすすめレシピ
まるごと冷凍した食材を活用するレシピを紹介しています。

●レシピについて

・材料は2人分が基本ですが、1人分やつくりやすい分量で表示してあるものもあります。
・小さじ1＝5mℓ、大さじ1＝15mℓ、1カップ＝200mℓです。
・電子レンジの加熱時間は600W。500Wの場合は1.2倍にしてください。オーブントースターの加熱時間は1000W。どちらも機種によって加熱時間には多少差があるので、様子を見て調整してください。

Part 1

便利なまるごと冷凍！「実野菜」

ミニトマト

旬 6月〜8月

選び方 赤みが濃くてムラがなく、皮にツヤとハリがあるもの。ヘタが緑色で、ピンとしているものを選びましょう。

凍ったまま使えるからラク。面倒な皮むきも簡単です！

冷凍手順

1 ヘタを取る。
2 洗って水けを拭く。
3 冷凍用保存袋に入れて冷凍する。

保存期間

2か月

使い方＆食べ方

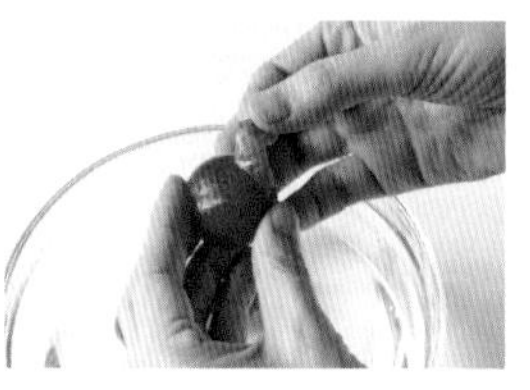

冷凍ミニトマトは、凍ったまま皮ごと食べられるので、そのままシャーベットやスープなどの煮込み料理に使えます。水にさらせば皮がツルンとむけるので（写真）、口当たりをよくしたいソースやマリネにもおすすめです。

ミニトマトのひんやりマリネ

材料とつくり方（つくりやすい分量）

冷凍ミニトマトなら時短でマリネがつくれます。冷凍ミニトマト1パック分を水にさらして皮をむく。ボウルに入れ、酢大さじ2とはちみつ大さじ1を加えてよく混ぜ、器に盛れば完成です！　ひんやりしたまま食べてもおいしいマリネです。

チキンのミニトマト煮込み

ミニトマトは糖度が高いので、濃厚な味わいに仕上がります！

材料（2人分）

冷凍ミニトマト　1パック分
鶏もも肉　1枚
塩・こしょう　各少々
サラダ油　大さじ1
にんにく（薄切り）　½片分
酒　大さじ1
醤油　小さじ2
粉チーズ　適量
バジル　10枚

つくり方

1　鶏肉は8等分に切って塩・こしょうをする。

2　フライパンにサラダ油とにんにくを入れ中火で熱し、香りが出たら**1**を入れ両面焼く。焼き色がついたら冷凍トマトと酒を加えて蓋をし、5分ほど蒸し焼きにする。

3　醤油を加えて軽く煮絡め、器に盛る。

4　粉チーズを振り、ちぎったバジルを飾る。

※皮ごと加えていますが、食感をよくしたい場合は皮をむいてから調理してください。

トマト

旬 **6**月～**8**月

選び方 赤みが濃くて皮にツヤとハリがあり、重みのあるもの。ヘタが緑色でピンとしているものを選びましょう。

うまみと栄養を逃さずに、いろんな使い方ができる万能野菜！

冷凍手順

1　洗って水けを拭く。
2　冷凍用保存袋に入れて冷凍する。

※トマトは凍ると中身が膨張してヒビが入ります。気になればひとつずつラップで包んでください。

保存期間

2か月

使い方&食べ方

冷凍トマトは室温に5分ほど置けば好きな大きさに切れるので、ざく切りにして、冷やしそうめんなどのトッピングに。水にさらせば皮がツルンとむけるので、煮込み料理の他、凍ったまますりおろせば(写真)、シャーベットとしても楽しめます。

Memo

角切り冷凍トマトを氷代わりに！

そうめんを食べるとき、いつものめんつゆに角切りの冷凍トマトを加えれば氷代わりに！　トマトが溶けるにつれ、フルーティーでさわやかな味が楽しめます。めんつゆ以外にも、炭酸水やビールなどに角切り冷凍トマトを加えてもおいしいですよ。

トマトとツナの炊き込みピラフ

まるごと冷凍したトマトを、そのまま炊飯器にポン！

材料（つくりやすい分量）

米　2合
冷凍トマト　1個
ツナ缶　1缶
バター　10g
パセリ（みじん切り）　適宜
A
- 水　350mℓ
- 顆粒コンソメ　小さじ2
- にんにく（すりおろし）　½片分

つくり方

1　米は洗って水けを切り、炊飯器に入れてAを注ぐ。
2　冷凍トマトと缶汁を切ったツナ、バターをのせて炊く。
3　炊き上がったら崩すように混ぜ、ヘタを取る。
4　器に盛り、あればパセリを散らす。

冷凍トマトは米に少し埋め込むように中心に置く。ヘタ付きのまま置いてOKです。

ピーマン

旬 6月〜8月

選び方 果皮に色ムラがなくツヤとハリがあり、肉厚でしまっているもの。ヘタの緑色が鮮やかなものを選びましょう。

ヘタやタネは取らなくてOK！苦みも和らぎますよ。

冷凍手順

1 洗って水けを拭く。
2 冷凍用保存袋に入れて冷凍する。

保存期間

2か月

使い方&食べ方

冷凍ピーマンは、凍ったまままるごと調理ができるので、煮込み料理やグリル焼きにおすすめ。凍っていても果皮が薄いので、室温に3〜5分ほど置いておけば、好きな大きさに切れます。加熱することで苦みも和らぎ、自然解凍すれば、生のままおひたしとしても楽しめます。

Memo

ピーマンは切り方で食感が変わる

ピーマンは繊維に沿って縦に切ると細胞を壊さないので、食感がシャキシャキに。炒め物に向いています。薄い輪切りにすると食感がやわらかくなるので、生でいただくサラダや食感や味わいを主張しないナポリタンやピザのトッピングにおすすめです。

まるごとピーマンの肉巻き照り焼き
～半熟卵添え～

まな板も包丁も不要。ヘタもタネもまるごとおいしく食べられます！

材料（2人分）

冷凍ピーマン　6個
豚バラ薄切り肉　6枚
片栗粉　適量
ごま油　小さじ1
半熟卵　1個

A
- 醤油　大さじ1
- 砂糖　大さじ1
- みりん　大さじ1
- 酒　大さじ1

つくり方

1　冷凍ピーマン1個に対して、豚肉1枚を巻きつけ、片栗粉を薄くまぶす。

2　フライパンにごま油を入れ中火で熱し、**1**の巻き終わりを下にして並べ、全体を焼く。

3　全体に火が通ったら、**A**を加えて煮絡める。

4　器に盛り、半分に切った半熟卵を添える。

※半熟卵のつくり方
卵の丸みのあるほうに画びょうかピンで1か所穴をあけ、熱湯に入れて7分茹でる。水にさらして皮をむけば、半熟の茹で卵になります。

茄子

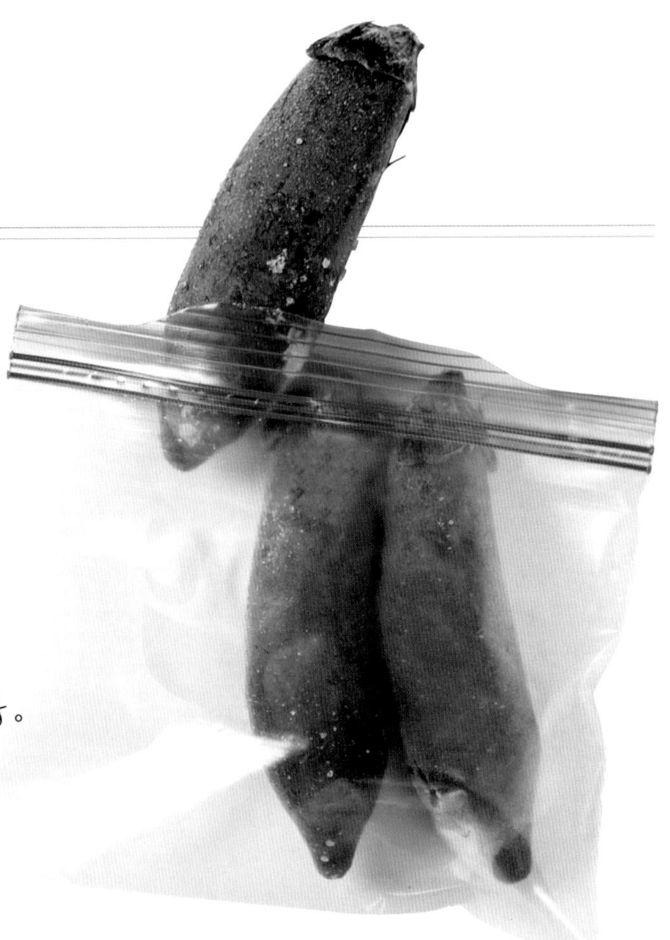

旬 **6**月～**8**月

選び方 皮の色が濃く、ツヤとハリがあり、傷のないもの。ヘタがピンとしていて、トゲが鋭いものを選びましょう。

茄子は**切らず**に
まるごと冷凍が**正解！**
室温に**5分**置けば切れます。

冷凍手順

1 洗って水けを拭く。
2 冷凍用保存袋に入れて冷凍する。

保存期間

2か月

使い方＆食べ方

冷凍茄子は、凍ったままレンジ加熱すればおひたしに。室温に5分ほど置けば好きな大きさに切れるので（写真）、炒め物にも便利。冷凍することで火の通りが早くなるので、炒め油は少量でOK。自然解凍すれば、生のままお漬物としても楽しめます。

Memo

茄子のあく抜きはポリ袋で！

茄子はあくが強く、切ったまま置いておくと切り口が変色してしまうのであく抜きが必要に。でも茄子を水にさらすと、ぷかぷかと浮いてしまいますよね？　あく抜きをするならポリ袋が便利。切った茄子と水をポリ袋に入れ、空気を抜くように縛ればまんべんなく浸ります。ちなみに油で加熱する料理には、あく抜き不要です。

豚肉と茄子の味噌炒め

冷凍茄子を加熱すると水分が出て油を吸わないからヘルシー！

材料（2人分）

冷凍茄子　2本
豚バラ薄切り肉　150ｇ
ごま油　小さじ2
粉唐辛子　適宜
A
- 味噌　大さじ1
- 酒　大さじ½
- 水　大さじ½
- 砂糖　小さじ1

つくり方

1　冷凍茄子は室温に5分ほど置いてから薄い輪切りにする。豚肉は2㎝幅に切る。

2　フライパンにごま油を入れ中火で熱し、豚肉を炒める。肉に軽く火が通ったら、茄子を加えて中火のまま炒め合わせる。

3　茄子に火が通ったら**A**を加えて炒め合わせる。

4　器に盛り、お好みで粉唐辛子を振る。

きゅうり

旬 6月〜8月

選び方 緑色が鮮やかでツヤとハリがあり、できるだけ太さが均一のもの。両端がかたいものを選びましょう。

凍ったまま**切ったり、**
すりおろしたり。
きゅうりだって
まるごと冷凍できる！

冷凍手順

1 洗って水けを拭く。
2 1本ずつラップで包む。
3 冷凍用保存袋に入れて冷凍する。

※水分が多くてくっつきやすいので、1本ずつラップで包みましょう。

保存期間

2か月

使い方＆食べ方

冷凍きゅうりは、室温に5分ほど置けば好きな大きさに切れるので、自然解凍すれば酢の物やピクルスとして楽しめます。解凍して水けを絞れば、塩を使わなくてもしんなりするので減塩に。ポテトサラダやちらし寿司におすすめです。

Memo

冷凍きゅうりのひんやりアイデア

冷凍きゅうりは凍ったまますりおろせるので、納豆や冷奴、もずく酢、カルパッチョ、冷やしうどん、豚しゃぶサラダなどのトッピングに使えば彩りもきれい。暑い季節にぴったりのおいしさが楽しめます。ドレッシングにすれば、見た目も味もさわやかです。

ツナマヨきゅうりのぶっかけうどん

冷たいきゅうりがひんやり感をキープ。
氷を使わないから味も薄まりません！

材料（2人分）

冷凍きゅうり　1本
冷凍うどん　2袋
ツナ缶　1缶
マヨネーズ　大さじ2
めんつゆ（ストレート）　適量
半熟卵　1個
かつおぶし　適量

つくり方

1　冷凍うどんは表示通り解凍し、流水で洗って水けを切る。
2　冷凍きゅうりは室温に5分ほど置いてから薄い輪切りにする。
3　ツナは缶汁を切ってマヨネーズと混ぜる。
4　器に**1**を盛り、**2**と**3**をのせ、めんつゆをまわしかける。
5　半分に切った茹で卵をのせ、かつおぶしを振る。

※半熟卵のつくり方はP19を参考にしてください。

パプリカ

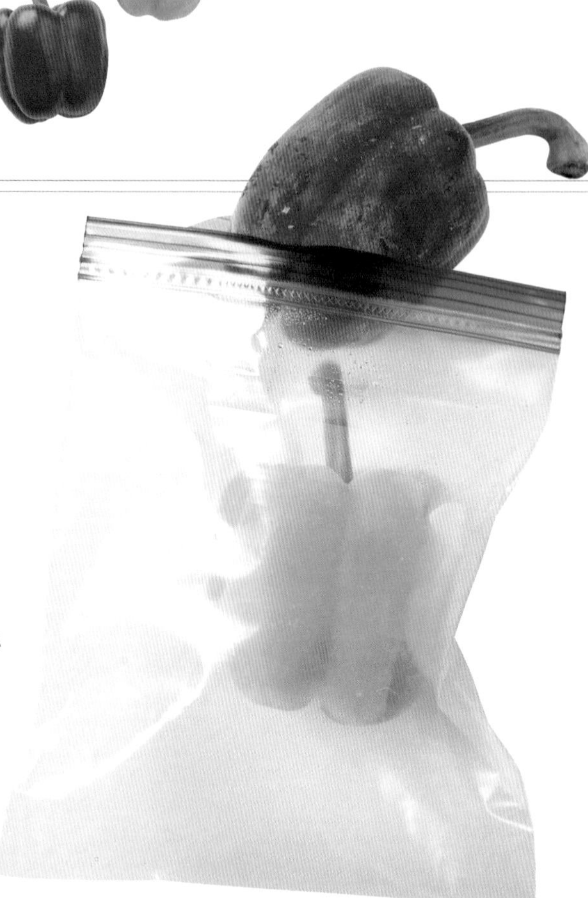

旬 6月～8月

選び方 果皮にツヤとハリがあり、肉厚で色ムラがないもの。ヘタがピンとしているものを選びましょう。

食感と甘さはそのままだから冷凍向きの野菜なんです！

冷凍手順

1 洗って水けを拭く。
2 冷凍用保存袋に入れて冷凍する。

保存期間

2か月

使い方＆食べ方

パプリカは生で冷凍するのに向いている野菜。冷凍しても生から調理したときの食感や甘みがそのまま楽しめます。室温に5分ほど置けば好きな大きさに切れるので、凍ったまま炒め物に便利。自然解凍すれば茹でたような食感になるので、サラダやピクルスにも使えます。

パプリカの即席マリネ

材料とつくり方（2人分）

冷凍したパプリカを自然解凍すれば、サッと茹でたような食感に。室温に冷凍パプリカ1個を5分ほど置いてから食べやすく切り、砂糖と酢各大さじ1と一緒にポリ袋に入れて軽くもみます。室温に10分ほど置けば即席マリネの完成です。解凍と同時に、味が染み込みます。

まるごとパプリカのミートドリア

器にしたパプリカごと食べられるので、
ごはんが少なめでも満腹になります！

材料（2人分）

冷凍パプリカ（赤・黄）　各1個
ごはん　150g
ホワイトソース　100g
ミートソース　100g
ピザ用チーズ　30g
パセリ（みじん切り）　適宜

つくり方

1　冷凍パプリカは解凍して上部を1cmほど切り落とし、タネとワタを取る。
2　ごはんにホワイトソースとミートソースを混ぜて**1**に詰め、ピザ用チーズをのせる。
3　180度に熱したオーブンに入れ、20分焼く。
4　器に盛り、あればパセリを散らす。
※縦半分に切ってつくっても、かわいいですよ！

ズッキーニ

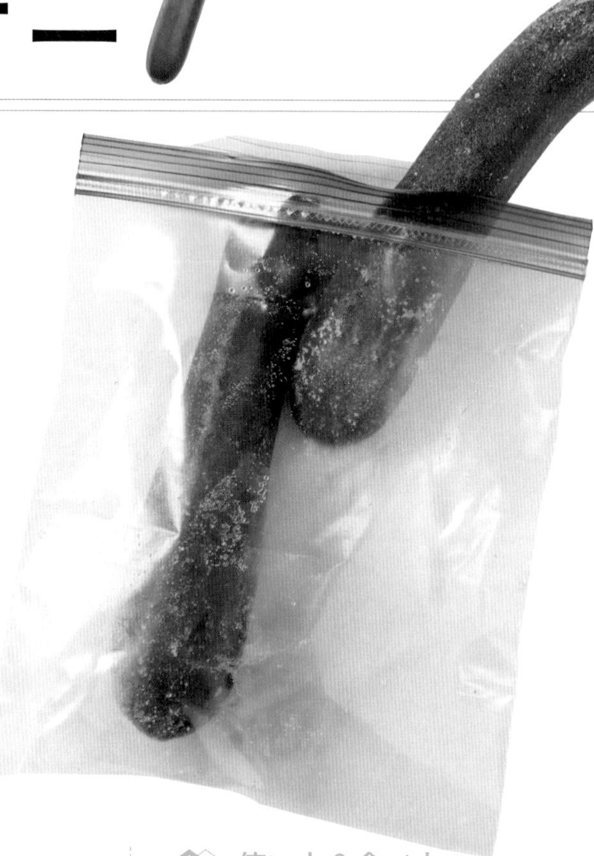

旬 **6**月～**8**月

選び方 大きすぎず太さが均一で、ツヤとハリがあるもの。皮がやわらかく、傷がないものを選びましょう。

冷凍してもおいしさそのまま！自然解凍でも食べられます。

冷凍手順

1 洗って水けを拭く。
2 冷凍用保存袋に入れて冷凍する。

※ズッキーニはくっつきやすいので、しっかりペーパータオルで拭いて袋に入れましょう。

保存期間

2か月

使い方＆食べ方

ズッキーニは、生で冷凍するのに向いている野菜。冷凍しても生から調理したときのおいしさが楽しめます。室温に5分ほど置けば好きな大きさに切れるので、凍ったまま炒め物やスープに便利。凍ったままサラダやマリネ、全解凍して水けを絞れば和え物になります。

mini Recipe

鮭とズッキーニのチーズ蒸し

材料とつくり方（2人分）

冷凍ズッキーニは室温に5分置いて1cm幅に切り、生鮭1切れは2～3等分に切り、塩こしょうして、耐熱皿にのせる。ピザ用チーズ30gを散らし、ふんわりとラップをかけ、電子レンジで4分加熱する。仕上げにポン酢適量をまわしかければ完成です。

ズッキーニの肉巻きフライ

みずみずしいズッキーニを、豚肉で巻いたボリュームあるフライです！

材料（2人分）
冷凍ズッキーニ　1本
豚バラ薄切り肉　8枚
塩・こしょう　各少々
パン粉・揚げ油　各適量
キャベツ・大葉（千切り）　各適量
中濃ソース　適量
A
- 卵　1個
- 水　大さじ1
- 小麦粉　大さじ4

つくり方
1　冷凍ズッキーニは室温に5分置いて長さを半分に切り、縦4等分に切る。
2　豚肉に塩・こしょうを振り、**1**に豚肉を巻きつける。
3　よく混ぜ合わせた**A**にくぐらせパン粉をまぶし、180度の油できつね色になるまで3〜4分ほど揚げる。
4　キャベツと大葉を合わせた器に盛り、ソースをかける。

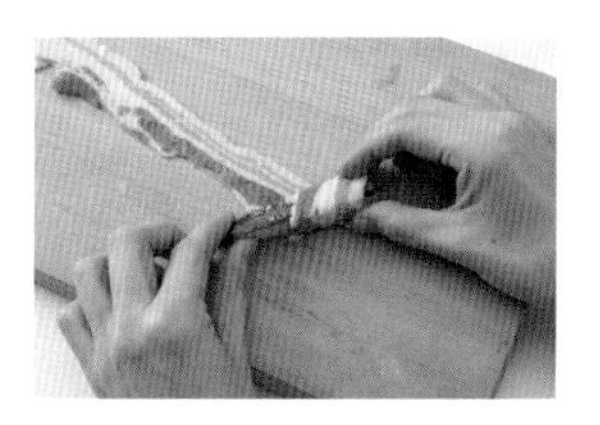

ズッキーニは斜めにのせると巻きやすい。チーズを挟んでもおいしいですよ！

とうもろこし

旬 **6**月～**8**月

選び方 皮の色が濃く、先端のひげが多いものほど粒も多い。ひげがしっかりとしていて濃い茶色のものを選びましょう。

収穫後から
急速に**甘み**と**栄養**が
落ちてしまうので、
迷わず冷凍を！

冷凍手順

1 皮をむいて、ひげをとる。
2 1本ずつラップで包む。
3 冷凍用保存袋に入れて冷凍する。

※きれいな内葉を数枚残して冷凍用保存袋に入れてもOK。皮がラップ代わりになります。

保存期間

2～3か月

使い方＆食べ方

冷凍とうもろこしは、凍ったまま茹でるか、ラップで包んだまま電子レンジで加熱すれば茹でとうもろこしに。コーンバターなど、いつも通りの調理方法で使えます。レンジで1分加熱してから身をそぎ落とすと、とうもろこしごはんやかき揚げに使えます。

レンジで甘い茹でとうもろこし！

冷凍とうもろこしを茹でるなら、電子レンジ加熱がおすすめ。冷凍とうもろこしを1本ラップつきのまま耐熱皿にのせ、電子レンジ(600W)で6～7分加熱するだけ。熱湯で茹でるよりも甘さがしっかりと感じられ、栄養も逃しません。加熱ムラが出やすいので、必ず1本ずつ加熱してください。

バター醤油風味のとうもろこしごはん

冷凍とうもろこしを使って旬の味わいをキープ！ かむほどに甘みが増します。

材料（作りやすい分量）

冷凍とうもろこし　1本
米　2合
バター　20g
黒こしょう　適量
A
- 醤油　大さじ1
- 酒　大さじ1
- 顆粒コンソメ　小さじ2

つくり方

1　冷凍とうもろこしはラップつきのまま耐熱皿にのせ、電子レンジ（600W）で1分加熱する。半分に切ってから、包丁で実をそぐ。

2　洗った米を炊飯器に入れ、**A**を加えてから目盛りまで水を注ぐ。

3　**1**のとうもろこしの実と一緒に芯も入れ、バターをのせて炊く。

4　炊き上がったら芯を取り出してひと混ぜし、器に盛り、黒こしょうを振る。

半分に切ったらまな板に立て、そぐように包丁で切ればしっかり実が取れます。

枝豆

旬 6月～8月

選び方 緑色で産毛が濃く、実がふっくらしているものを選びましょう。枝つきの枝豆は鮮度が落ちにくく日持ちします。

枝豆の保存は冷凍がベスト！旬の味わいをキープしてくれます。

冷凍手順

1 キッチンバサミで枝から切り落とす。
2 洗って水けを拭く。
3 冷凍用保存袋に入れて冷凍する。

保存期間

3～4か月

使い方＆食べ方

枝豆は収穫後から急速に味が落ちてしまうので、素早く冷凍がベスト。旬の味わいをキープできます。冷凍した枝豆は両端を2㎜ほどハサミで切って（写真）、塩を加えた熱湯で茹でればいつも通りに使えます。凍ったまま焼き枝豆や醤油煮にしても◎。

Memo

焼き枝豆なら茹でるより味が濃い！

枝豆は茹でるよりも、フライパンや魚焼きグリルで焼いたほうが味が濃くなります。魚焼きグリルにアルミホイルを敷き、枝豆（生でも冷凍でもOK！）を重ならないように広げて塩を振り、10分程度焼くだけ。香ばしい香りも楽しめる、ビールに合う1品の完成です。

枝豆のぱりぱりチーズせんべい

枝豆の甘さとチーズの塩けがよく合う、お酒のおつまみです！

材料（2人分）
冷凍枝豆　100ｇ
塩　大さじ1
とろけるスライスチーズ
　2枚

つくり方
1　冷凍枝豆は両端を2㎜ほどハサミで切る。
2　フライパンに500㎖の水を入れて火にかけ、沸騰したら1と塩を加えて5分茹でる。粗熱が取れたらさやから出して薄皮を取る。
3　スライスチーズは1枚を4等分に切る。
4　クッキングシートに3を並べて、2をのせ、電子レンジ（600Ｗ）で2分30秒加熱する。
5　粗熱が取れたら器に盛る。

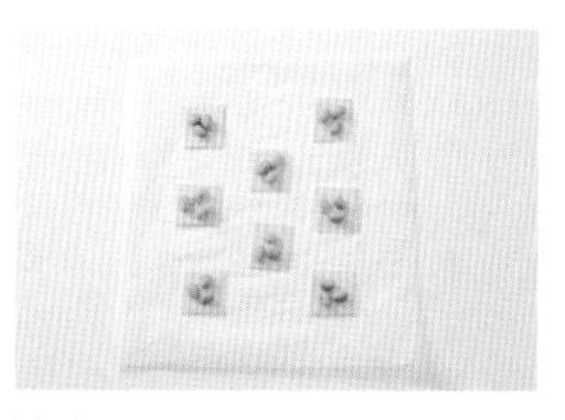

溶けてくっついてしまうので、間隔をあけて並べてください。

さやいんげん

旬　**6**月〜**9**月

選び方　全体に濃い緑色で、さやの先までピンとハリがあり細めのもの。凹凸が少ないものを選びましょう。

冷凍前にヘタを取る**必要なし！**
凍ったまま
折って使えます。

冷凍手順

1　洗って水けを拭く。
2　冷凍用保存袋に入れて冷凍する。

※最近のさやいんげんには筋がないので、下処理なくまるごと冷凍が可能です。

保存期間

2か月

使い方&食べ方

冷凍さやいんげんは、凍ったまま好きな大きさに手で折ったり（写真）、ハサミで切ったりできるので、まな板&包丁いらず。加熱してサラダや和え物、炒め物や煮物など、幅広い料理に使えます。

Memo

さやいんげんとちくわは好相性！

歯ごたえのよいさやいんげんとお手頃価格で手に入るちくわは、味だけでなく調理でも好相性。ちくわを細いリング状に切ればさやいんげんを束ねられるので、てんぷらにしてもバラバラになりません。ちくわを太くすれば甘辛炒めなどにもおすすめ。ぜひ試してみてください。

いんげんと厚揚げの煮物

冷凍さやいんげんを加えるだけ！　だしが染みたほっこり煮物です。

材料（2人分）

冷凍さやいんげん　10～12本
厚揚げ　1枚

A
- 水　200mℓ
- 醤油　大さじ1
- 酒　大さじ1
- みりん　大さじ1
- 砂糖　大さじ½
- 顆粒和風だし　小さじ1

つくり方

1　厚揚げはペーパータオルで油を押さえるか、熱湯をかけて油抜きをして、半分に切る。

2　鍋に**1**と**A**を入れ中火にかける。

3　沸騰したら冷凍さやいんげんを加え、落とし蓋をして10分煮る。

※加熱後、しばらく置くと味がしっかり染み込みます。

オクラ

旬 6月〜9月

選び方 緑色が濃く鮮やかで、産毛がしっかり残っているもの。あまり大きすぎず、小ぶりのほうがおいしいです。

歯ごたえもねばりも生と変わりません。凍ったまま切ればぬめりもなし！

冷凍手順

1 洗って水けを拭く。
2 冷凍用保存袋に入れて冷凍する。

※冷凍すれば産毛も気にならなくなるので、下処理不要です。

保存期間

2か月

使い方＆食べ方

冷凍オクラは凍ったままでも切れるので、和え物やトッピングに便利。切るときにぬめりが出ないので調理がラクちん。解凍するとねばりは出てきますのでご安心を。まるごとおひたしや煮物、フライにしてもおいしいですよ。

韓国風オクラのまぐろ丼

材料とつくり方（2人分）

冷凍オクラ6本は凍ったまま5㎜幅の小口切りにする。まぐろの刺身150ｇは粗く刻んで醤油・白すりごま各大さじ1、コチュジャン・ごま油各小さじ1、おろしにんにく少々を加えて混ぜる。ごはんにオクラとまぐろをのせる。ピリ辛でおいしいですよ！

しし唐

旬　6月〜8月

選び方　ヘタを含め、全体的に緑色が鮮やかでツヤとハリがあり、果肉に弾力があるものを選びましょう。

凍ったまま使えるから便利！風味も食感も変わりません！

冷凍手順

1　洗って水けを拭く。
2　ヘタは残してハサミで茎を切る。
3　冷凍用保存袋に入れて冷凍する。

保存期間

2か月

使い方&食べ方

冷凍したしし唐は、加熱時の破裂を防ぐために凍ったまま包丁やハサミなどで1cmほどの切り込みを入れてから（写真）、調理に使う。凍ったまま炒め物や煮物、てんぷらなどに使えるので便利。幅広い料理に使えます。

mini Recipe

台湾風肉そぼろ丼

材料とつくり方（2人分）

小鍋に豚ひき肉200gと水200mℓ、醤油大さじ3、砂糖・酒各大さじ½、にんにく・しょうが（みじん切り）各½片分、八角1個を入れて中火にかける。水分が少なくなったら冷凍しし唐10本を加え煮絡める。ごはんにのせていただく。

COLUMN 1

野菜高騰に負けない！
家計にやさしい野菜選びのコツ

天候によって左右されやすいのが野菜の価格。普段の数倍に高騰した野菜を購入するとなると、日々の食卓にも影響してしまいます。そこで、野菜高騰のピンチを乗り切るための野菜選びのコツをご紹介します。

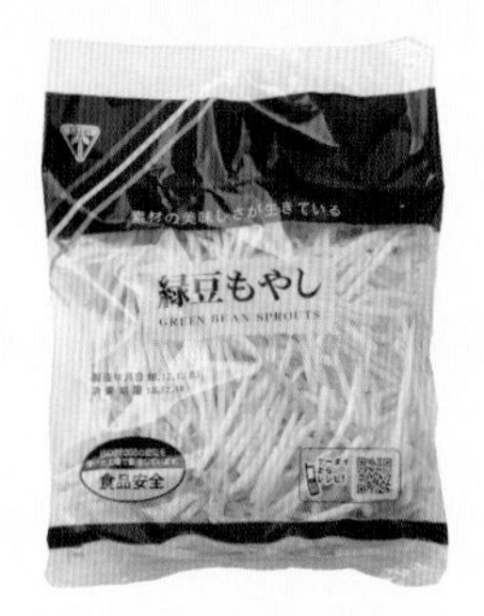

もやし

工場で水耕栽培されているので旬は一年中。天候不順も関係ないので、安定した価格と品質で手に入る貴重な野菜。カロリーが少ないので栄養がないと思われがちですが、実はいろいろな栄養素をふんだんに含んでいます。

豆苗

安価な水耕栽培の野菜の中で最近、もやしをしのぐ人気となっているのが、栄養豊富で色鮮やかな豆苗。β-カロテンはブロッコリーの5倍以上。生のままサラダとしても食べられるので便利。カイワレやブロッコリースプラウトもおすすめです。

乾物

年間を通して価格が安定していて長期保存が可能。凝縮されたうまみや香りが楽しめて栄養たっぷり。乾物は水で戻せば量もぐんと増えますが、乾燥した状態であれば軽くてコンパクト。収納場所を取らないのもうれしいですよね。

トマト缶

野菜の中で最も売れているのが、用途の広いトマト。高値の時は、1缶100円程度のトマト缶で代用がおすすめです。甘味が増す煮込み料理が定番ですが、生のまま酸味を楽しむのもおすすめ。トマトジュースや野菜ジュースを活用しても、野菜不足が補えます。

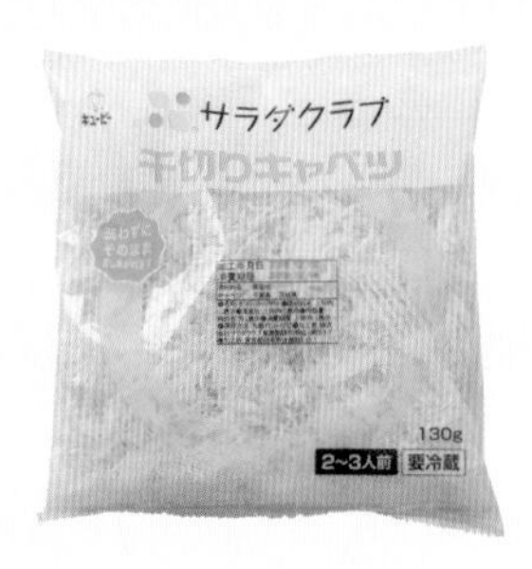

市販のカット野菜

レタスやキャベツなどの葉野菜が1個200円を超えたら、市販のカット野菜を選びましょう。下処理がしてあるので調理がラク。洗わずにそのままサラダに使える千切りキャベツやちぎりレタス、数種類の野菜がミックスされて炒め物に使えるものなど種類も豊富。

市販の冷凍野菜

高騰しやすいほうれん草やブロッコリーは冷凍も便利。複数の野菜を使う料理にはミックスタイプを使えば、高い野菜を諦めなくても一袋でOKです。使いかけはクリップなどで袋の口を閉じ、冷凍用保存袋に入れて風味が落ちない工夫をしましょう。

Part 2

便利なまるごと冷凍！「その他の野菜」

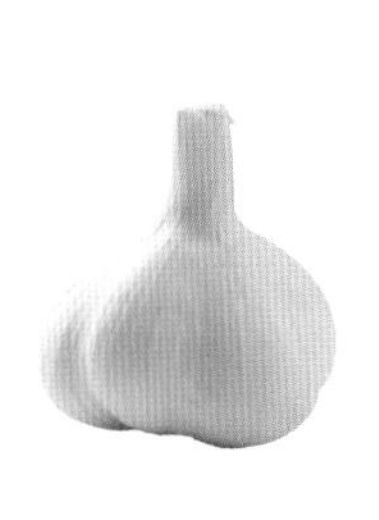

さつまいも

旬 9月～11月

選び方 皮の色が均一で鮮やか。ハリとツヤがあり、見た目がふっくらとしていて、表皮に傷がなく、黒く変色していないものを選びましょう。

まるごと冷凍もOK！
凍ったまま調理できます。

冷凍手順

1 洗って水けを拭く。
2 冷凍用保存袋に入れて冷凍する。

保存期間

3か月

使い方＆食べ方

冷凍したさつまいもは、凍ったまままるごと蒸したり、茹でたり、オーブンで焼いたりして調理ができます。つぶしてサラダやコロッケにしてもおいしいですよ。室温に15分ほど置けば好きな大きさに切れるので、煮物や炒め物、揚げ物におすすめです。

Memo

電子レンジで甘い焼き芋をつくる裏ワザ！

レンジ加熱でも甘くておいしい焼き芋がつくれます。生のさつまいも1本（約250g）に濡らしたペーパータオルを2枚巻きラップで包み、600Wの電子レンジで2分、さらに200Wで10分～12分ほど加熱してください。想像以上に甘く、しっとりした焼き芋になります。

さつまいもごはん

さつまいものホクホクな甘さが引き立つ、シンプルな炊き込みごはんです。

材料（つくりやすい分量）

米　2合
さつまいも（中）　1本（約250g）
黒いりごま　適量
A
- みりん　大さじ1
- 酒　大さじ1
- 塩　小さじ1

つくり方

1　炊飯器に洗った米とAを入れ、目盛まで水を注ぐ。30分ほど浸水させてから冷凍さつまいもをまるごと入れて炊く。

2　炊きあがったら、さつまいもをほぐしながら軽く混ぜ、もう一度蓋をして、5分ほど蒸す。

3　器に盛り、黒いりごまを振る。

炊きあがったらほぐしながら大きく混ぜ、軽く蒸らすことで炊き上がりが均一になります。

じゃがいも

旬 4月～6月、9月～11月

選び方 全体にふっくらとしていて、かたさのあるもの。皮が薄くて傷がなく、表面が滑らかなもの。芽が出ていないものを選びましょう。

鮮度を**キープ**して
芽も**出ない**！
解凍後も**ホクホク**です。

冷凍手順

1 洗って水けを拭く。
2 冷凍用保存袋に入れて冷凍する。

保存期間

3か月

使い方＆食べ方

冷凍したじゃがいもは、水から15分ほど茹でれば生から茹でたのと同じ食感に。もしくは1個ずつラップで包み、電子レンジで途中ひっくり返して3分ずつ加熱してもOK。つぶしてポテトサラダやコロッケなど、いつもと同じ使い方ができます。

Memo

じゃがいもの皮をするりとむく裏ワザ

茹でたじゃがいもの皮を簡単にむく裏ワザです。じゃがいもを洗ったら芽を取り、真ん中にぐるりと一周切り込みを入れ、いつものように茹でたら、10秒ほど水にさらして冷まします。両手でじゃがいもを持って皮を引っ張れば、するりとむけます！

青のりじゃがバター

あつあつ＆ホクホクのじゃがいもに、
青のりとバターの風味を染み込ませて！

材料（2人分）
冷凍じゃがいも　2個
バター　20g
青のり　適量
醤油　適量

つくり方

1　鍋に冷凍じゃがいもとかぶるくらいの水を注ぎ、中火で15分ほど茹でる。
2　じゃがいもに竹串がすっと入ったら取り出し、水けを切る。
3　十字に切り込みを入れて器に盛り、切り込みにバターをのせ、青のりを振り、醤油をかける。
※1個なら電子レンジ加熱が簡単です。

さといも

旬　9月～11月

選び方　全体にふっくらとしていて、丸みがあり、かたいもの。泥付きで表面に多少湿りけがあり、皮が薄くて傷がないものを選びましょう。

凍ったまま水にさらせば、皮が簡単にむけますよ！

冷凍手順

1 洗って水けを拭く。
2 冷凍用保存袋に入れて冷凍する。

保存期間

3か月

使い方&食べ方

冷凍したさといもは、凍ったまま水にさらせば皮が簡単にむけるので処理がラク。水から10分～15分ほど茹でれば、生から茹でたのと同じ食感になるので、煮物やつぶしてサラダなど、いつも通りに調理ができます。

mini Recipe

さといものたらこマヨグラタン

材料とつくり方（2人分）

冷凍さといも3～4個は、水にさらして皮をむき、水から茹でる。食べやすい大きさに切って耐熱皿に並べ、たらことマヨネーズ各大さじ1を混ぜたものとピザ用チーズ適量をのせ、トースターで加熱する。あればパセリのみじん切りを散らす。

ごぼう

旬　11月～1月

選び方　太さが均一でひげが少ないもの。切り口にスがなく、表面に黒ずみやヒビがないものを選びましょう。

袋に合わせて切るだけ！適量ずつ使えるので便利です。

冷凍手順

1 泥を落として表面を洗う。
2 袋の大きさに合わせて切る。
3 サッと水にさらしてあくを抜き、水けを拭く。
4 冷凍用保存袋に入れて冷凍する。

保存期間

1か月

使い方＆食べ方

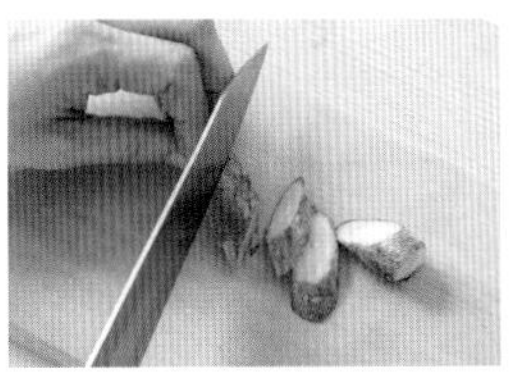

冷凍したごぼうは、室温に3分ほど置けば好きな大きさに切れます（写真）。乱切りにして筑前煮、薄切りにして豚汁や煮物に。ささがきにしてきんぴらや炊き込みごはんにしてもおいしいですよ。

Memo

ごぼうの皮むきはアルミホイルで！

ごぼうは皮と身の間に香りやうまみがあるので、皮をむきすぎないのが基本。ごぼうの泥を流水で洗い流したら、くしゃくしゃに丸めたアルミホイルでごぼうの表面を軽くこすれば、ムダな部分だけ落とせて香りもしっかり残りますよ。皮の汚れもシンクに飛び散らないのでラク。

長いも

旬　11月〜1月、3月〜4月

選び方　皮が肌色でハリとツヤがあり、皮が薄くて傷がないものを。カットしたものは切り口が変色しておらず、白くてみずみずしいものを選びましょう。

凍ったまますりおろせば、ふわふわ食感のとろろに！

冷凍手順

1. 洗って水けを拭く。
2. 袋の大きさに合わせて切る。
3. 皮をむいてラップで包む。
4. 冷凍用保存袋に入れて冷凍する。

保存期間

1か月

使い方＆食べ方

冷凍した長いもは、凍ったまますりおろせば、ふわふわとした食感のとろろになり、使いたい分だけすりおろせるので便利です。必要な分だけ削ったら、残りは再び冷凍保存できます。室温に5分ほど置いておけば好きな大きさにカットできるので、使い勝手のよい野菜です。

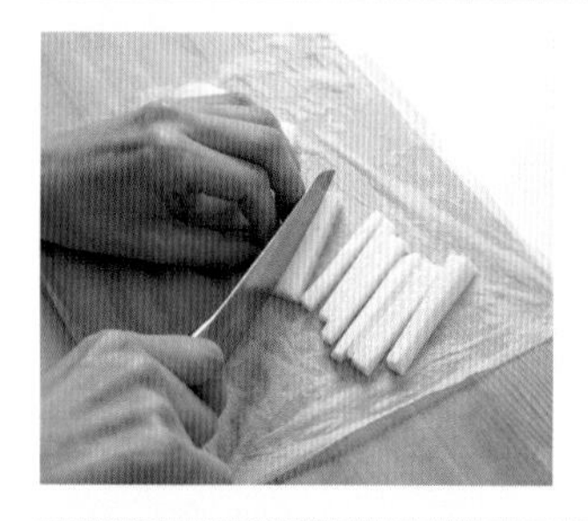

ぬるぬる野菜は濡れペーパーの上で切る

長いもやオクラなどを切るとすべりませんか？　そんなぬるぬる野菜を切るときは、まな板に濡らして軽く絞ったペーパータオルを広げ、その上で刻めばすべらないんです。切った後は、ペーパーごと器や鍋に移動すれば、まな板や手にぬめりがつくことがなく、後片付けもラク。洗い物も減らせますよ。

れんこん

旬　11月～2月

選び方　皮にツヤがあり、色ムラや傷がなく、肉厚で丸みのあるものを。切り口が白くてみずみずしく、穴の中が黒くないものを選びましょう。

まるごと冷凍で
あく抜き不要！
カットでも
すりおろしでも使えます。

冷凍手順

1　袋の大きさに合わせて切る。
2　皮をむいてラップで包む。
3　冷凍用保存袋に入れて冷凍する。

保存期間

1 か月

使い方＆食べ方

冷凍したれんこんは、室温に5分ほど置いておけば好きな大きさに切れるので、煮物や炒め物に便利です。使いたい分だけすりおろすこともできるので、スープやチヂミなどに加えて使ってもOK。必要な分だけすりおろしたら、残りは再び冷凍できます。

mini Recipe

れんこんの卵スープ

材料とつくり方（2人分）

冷凍れんこん150gは室温に5分ほど置いてから薄切りにし、ベーコン2枚は1cm幅に切る。鍋に水2カップと顆粒コンソメ小さじ2を入れ、沸騰したられんこんとベーコン、おろしにんにく少々を加え軽く煮る。塩・こしょうで味を調え、あればパセリを散らす。

しいたけ

旬 3月～5月、9月～11月

選び方 かさの表面が茶色で丸みがあり、軸が太くて肉厚なもの。全体的によく乾いていて、かさが開きすぎず、裏ひだが白いものを選びましょう。

冷凍するとうまみがアップ!! 風味も存分に味わえます。

冷凍手順

1 汚れていたらペーパータオルで拭き取る。
2 石づきを切り落とす。
3 冷凍用保存袋に入れて冷凍する。

※庫内でかさばるならかさと軸を分けて冷凍しましょう。

保存期間

1か月

使い方＆食べ方

きのこ類は冷凍するとうまみがアップします。スポンジ状で、凍ったままでも切れるのが特徴なので、まるごと冷凍がおすすめです。切りにくかったら室温に1～2分ほど置けば、サクッと切れます。丸ごとや薄切りにし、煮物や汁物、炒め物に使えます。

Memo

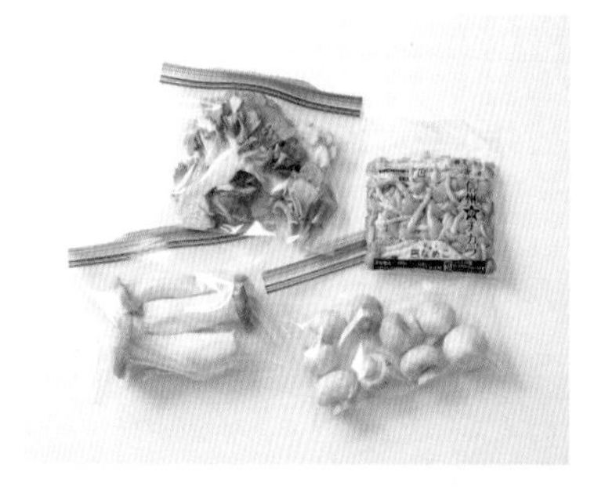

まるごと冷凍がOKなきのこは他にもある!?

エリンギやまいたけ、マッシュルームなどは、まるごと冷凍が可能です。汚れをペーパーで拭き取り、そのまま冷凍用保存袋に入れましょう。なめこは袋ごと凍らせればOKです。しめじやえのきはまるごとでも冷凍できますが、根元を切り落としてから冷凍したほうが、使い勝手がよくなります。

しいたけの香草パン粉焼き

しいたけのうまみがじゅわ〜！　ビールやワインのおつまみによく合います。

材料（2人分）

冷凍しいたけ　4個

ベーコン　2枚

A
- オリーブオイル　大さじ4
- パン粉　大さじ4
- パセリ（みじん切り）　大さじ2
- おろしにんにく　小さじ½
- 塩・こしょう　各少々

つくり方

1　冷凍しいたけは縦4等分に切り、ベーコンはみじん切りにする。

2　ボウルに1とAを入れてよく混ぜ、耐熱皿に入れる。

3　トースター（1000W）で6〜7分焼く。

軸にもうまみが詰まっているので、軸はつけたまま切って調理して！

小松菜

旬　12月～3月

選び方　葉の緑色が濃く鮮やかで、葉先までピンとしたもの。茎は太くてしっかりしているものを選びましょう。

あくが少ないから
生のまま冷凍OK!
凍ったままでも
カットできます。

冷凍手順

1　洗って水けを拭く。
2　冷凍用保存袋に入れて冷凍する。

※長いものは冷凍用保存袋に入らないこともあるので、購入した袋に戻し入れて冷凍してもOK。量が多いなら、半量ずつラップで包みましょう。

保存期間

1か月

使い方＆食べ方

小松菜は冷凍することで栄養やうまみをキープしてくれます。凍ったままでも切れるので、まるごと冷凍でOK。凍ったままざく切りにして、炒め物や煮物、スープにおすすめです。自然解凍して水けを絞れば茹でたような食感になるので、おひたしとして楽しめます。

mini Recipe

小松菜と油揚げの煮びたし

材料とつくり方（2人分）

鍋に水200mℓ、醤油・みりん・酒各大さじ1、砂糖大さじ½、顆粒和風だし小さじ1を加えて中火にかけ、沸騰したら、4cm長さに切った冷凍小松菜1束分、油抜きをして短冊切りにした油揚げ1枚分を加え、5分ほど煮る。

長ねぎ

旬　11月〜2月

選び方　葉先の緑色が濃く鮮やかで、ピンとハリのあるもの。白い部分がしっかりとかたく、みずみずしいものを選びましょう。

長いまま冷凍すれば
香りをキープ！
食感もとろりとして
甘くなる！

冷凍手順

1 洗って水けを拭く。
2 袋の大きさに合わせて切る。
3 冷凍用保存袋に入れて冷凍する。

保存期間

1か月

使い方＆食べ方

冷凍した長ねぎは凍ったままでも切れるので、袋に合わせてまるごと冷凍が便利です。切りにくかったら室温に1〜2分ほど置けば、サクッと切れますよ。ぶつ切りや斜め薄切りにして煮物や炒め物に。青い部分は小口切りにしてスープや卵焼きに。必要な分だけ切ったら、残りは再び冷凍保存できます。

たっぷりねぎの卵うどん

材料とつくり方（1人分）

冷凍長ねぎ1本分は凍ったまま斜め薄切りにする。鍋に水400mℓと白だし大さじ2を入れて火にかけ、沸騰したら冷凍うどん1玉とねぎを加える。火が通ったら、溶き卵1個を加えて器に盛り、梅干し1個をのせる。寒い冬や風邪のときに食べてほしい1品です。

玉ねぎ

4月～6月、9月～12月

選び方 頭部が小さく、ぎゅっと詰まっているもの。かたくて丸く、重みのあるもの。表面の茶色い皮がしっかりと乾燥し、ツヤのあるものを選びましょう。

冷凍すれば甘みが凝縮！まるごと冷凍もできるんです。

冷凍手順

1 皮をむき、上下を切り落とす。
2 上部に3cmほど、十字の切り込みを入れる。
3 1個ずつラップで包む。
4 冷凍用保存袋に入れて冷凍する。

保存期間

1か月

使い方＆食べ方

まるごと冷凍した玉ねぎは、まるごと使うスープやおでんの具、レンジ蒸しがおすすめです。まるごとなので繊維っぽさは多少残りますが、凍ったまま加熱調理すれば、玉ねぎの甘みが凝縮し、短時間で火が通るだけでなく、味も染み込みやすくなります。

飴色玉ねぎを時短で作る裏ワザ！

冷凍用保存袋にみじん切りにした玉ねぎを入れて、一晩以上冷凍しておきます。フライパンに冷凍玉ねぎを入れ、蓋をして中火で熱し、水大さじ1を加えて炒めれば10分くらいで飴色玉ねぎに。冷凍すると組織が壊れるので、火の通りがよくなり、油も使わないのでヘルシーに仕上がります。

まるごと玉ねぎのコンソメスープ

まるごとだから食べ応えもアップ！　見た目も華やかです。

材料（2人分）

冷凍玉ねぎ　2個
ソーセージ　4本
塩・こしょう　各少々
パセリ（みじん切り）　適宜
粉チーズ　適宜

A
- 水　600mℓ
- 顆粒コンソメ　小さじ4
- にんにく（薄切り）　½片分

つくり方

1　鍋に冷凍玉ねぎ、ソーセージ、**A**を入れて火にかける。

2　沸騰したら蓋をして、弱めの中火で15分ほど煮る。

3　塩・こしょうで味を調え、器に盛り、お好みでパセリと粉チーズを振る。

もやし

旬　通年

選び方　色が白く、茶色に変色していないもの。茎が太くてツヤとハリがあるもの。ひげが短く透明感があるものを選びましょう。

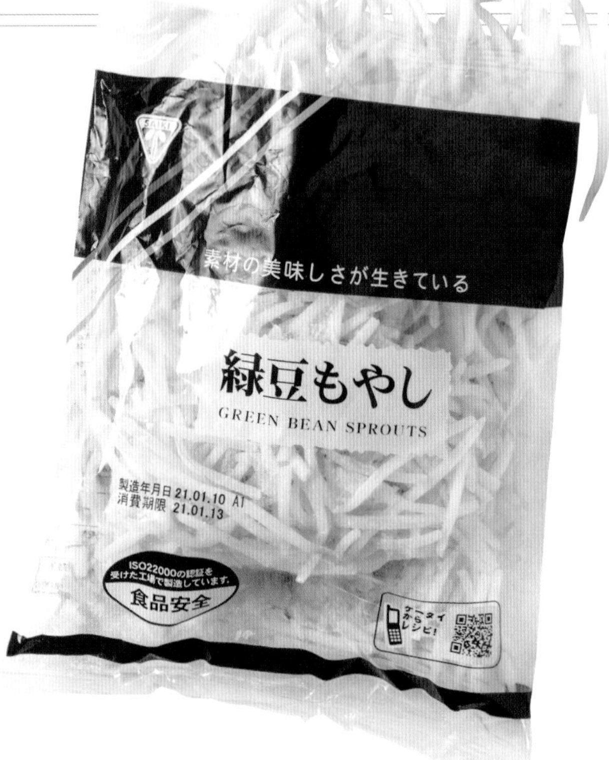

味の染み込みがよくなるので、煮物やスープにするのが◎。

冷凍手順

1　袋を開封せず、そのまま冷凍する。

※購入したらすぐに冷凍することが、おいしさキープの秘訣。開封したものは残りを冷凍用保存袋に移して冷凍してください。

保存期間

3 週間

使い方＆食べ方

冷凍したもやしは、袋の上から軽くもむか割りほぐして取り出しましょう。冷凍すると繊維が壊れるため食感がしんなりします。シャキシャキの食感を楽しみたい炒め物よりも、煮物やスープにしたほうがおいしくいただけますよ。

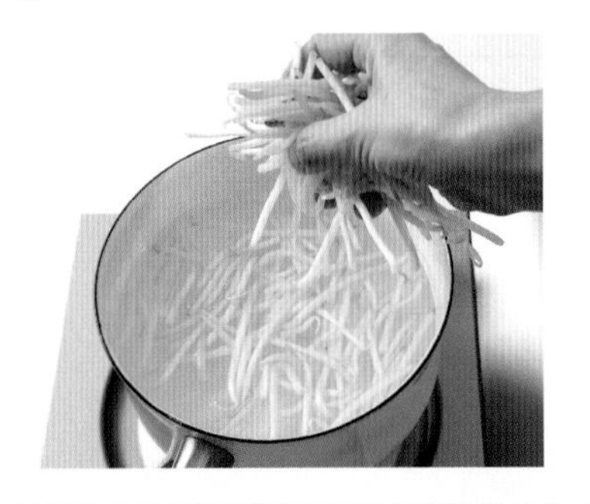

もやしのイヤなにおいを消す方法

もやしがにおう原因は雑菌の繁殖なので、水洗いだけでは効果なし。菌は熱に弱いので、熱湯で1分ほど茹でたら取り出し、新しい水に軽くさらせば、もやしのイヤなくさみが消えますよ。和え物やみそ汁に加えればおいしくいただけます。

もやしとツナの卵とじ

ツナとだし汁のうまみがもやしに染みて、白いごはんによく合います。

材料（2人分）

冷凍もやし　1袋

ちくわ　2本

卵　2個

万能ねぎ（小口切り）適量

A
- 水　120mℓ
- 酒　大さじ1
- 醤油　大さじ½
- 砂糖　大さじ½
- 顆粒和風だし　小さじ⅓

つくり方

1　ちくわは斜め切りにする。

2　フライパンに**A**を入れて煮立て、冷凍もやしと**1**を加える。

3　蓋をして中火でひと煮し、もやしに火が通ったら溶き卵を加える。

4　卵が好みのかたさになったら器に盛り、万能ねぎを散らす。

冷凍したもやしが固まっていても、そのまま加えてOK！　煮汁に加えればすぐにほぐれます。

大葉

旬	7月〜10月
選び方	濃い緑色で香りが強く、色鮮やか。葉先がピンとしているもの。みずみずしいものを選ぶようにしましょう。

さわやかな香りをキープ。手でもむか刻んで使えばOKです！

冷凍手順

1 水けをしっかり拭く。
2 ラップに3〜4枚ずつ重ねて包む。
3 冷凍用保存袋に入れて冷凍する。
4 まとめて冷凍すると使わない分も解凍してしまうので、少量使いなら小分け冷凍が便利です。

保存期間

1か月

使い方＆食べ方

凍った大葉は使う直前に取り出して、ラップの上からもみほぐせば細かくパラパラになります（写真）。もしくは取り出して刻んで使ってもOK！　パスタやドレッシングなどに混ぜて使うほか、トッピングなどの様々な料理に使えます。

mini Recipe

さわやか大葉納豆ごはん

材料とつくり方（1人分）

納豆に大葉を加えると、大葉の香りでさわやかに。納豆1パックに付属のたれ1袋と辛子を加えてよく混ぜる。冷凍大葉3〜4枚はラップの上から手でもみ、細かくする。ごはんに納豆と大葉を乗せ、卵黄を中央に盛る。さわやかな大葉納豆ごはんの完成です。

パセリ

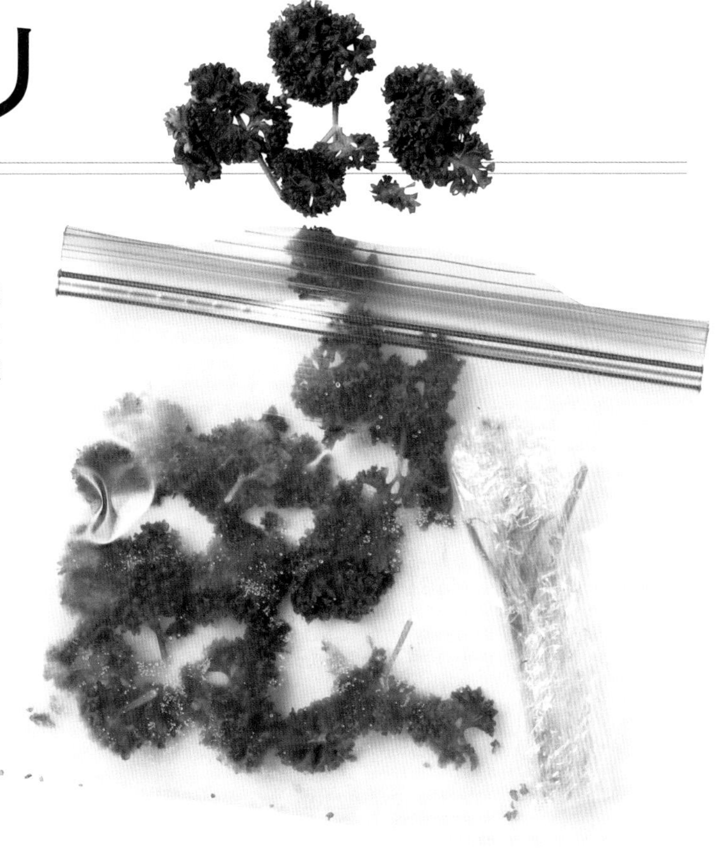

旬　**7**月～**10**月

選び方　濃い緑色で香りが強く、葉がみずみずしいもの。葉先までシャキッとしたものを選びましょう。

手でもむだけでみじん切りに！手軽に香りと彩りをプラスできます。

冷凍手順

1　洗って水けを拭く。
2　茎と葉を分ける。
3　使いやすい量に分け、冷凍用保存袋に入れて冷凍する。

※茎と葉は、別々の袋で冷凍したほうが使い勝手はよくなります。

保存期間

1か月

使い方＆食べ方

凍ったパセリの葉は、袋の上から手でもみほぐすと細かくパラパラになるので、タルタルソースやポテトサラダ、コロッケの他、トッピングなどの様々な料理に使えます。茎は凍ったまま煮込み料理や、スープの風味づけに使いましょう。

mini Recipe

たっぷりパセリのポテトサラダ

材料とつくり方（つくりやすい分量）

じゃがいも2個は水から茹で、皮をむく。ボウルに移し、酢小さじ1を加えて粗くつぶす。冷凍パセリ1袋は外側から手でもみほぐして細かくし、お好みの量をつぶしたじゃがいもに加える。マヨネーズ大さじ2、塩・こしょう各少々で味を調える。

みょうが

旬 6月〜10月

選び方 全体的にふっくらと丸みがあり、色とツヤがよく、傷がないもの。身がしまっているものを選びましょう。

まるごと冷凍なら風味をキープ。凍ったままでも切れますよ!!

冷凍手順

1 水けをしっかり拭く。
2 冷凍用保存袋に入れて冷凍する。

保存期間

2か月

使い方＆食べ方

冷凍したみょうがは凍ったままでも切れるので、冷凍しておくと使い勝手のよい野菜です。凍ったまま刻んで冷奴やそうめん、カルパッチョなどの薬味にしたり、和え物や炒め物にしたりと楽しみの幅も広がります。解凍と同時に味が染み込むので、凍ったまま甘酢漬けにすれば時短でつくれます。

Memo

みょうがの千切りは三角形に切ってから！

みょうがを千切りにするときは縦半分に切り、根元を三角形に切り落としてから縦薄切りにしましょう。根元も食べられますので同時に縦薄切りにし、合わせて水にさらせばパラパラに。きれいな千切りになり、シャキシャキとした食感も残せます。

ツナとみょうが酢の混ぜごはん

ピンク色になったみょうがとツナ、卵を合わせて彩りよく仕上げました!

材料（2人分）

冷凍みょうが　2本
すし酢　大さじ2
ごはん　1合
ツナ缶（缶汁を切る）　½缶
万能ねぎ（小口切り）　適量
白いりごま　適量
A
- 卵　1個
- 砂糖　大さじ½
- 塩　少々

つくり方

1　冷凍みょうがは室温に2分ほど置き、縦半分に切って斜め薄切りにする。すし酢と合わせ、10分ほど置く。

2　フライパンにサラダ油適量（分量外）を入れ中火で熱し、よく混ぜ合わせた**A**を加えて菜箸で混ぜ、炒り卵にする。

3　ボウルにごはんと**1**、**2**、ツナを加えて混ぜる。

4　器に盛り、万能ねぎと白ごまを散らす。

しょうが

旬 6月～8月

選び方 色が均一で光沢があり、ふっくらと形がよく、ハリのあるもの。表面に傷やカビ、干からびがないものを選びましょう。

まるごとか1片ずつに切り分ければ、凍ったまま使えます。

冷凍手順

1 まるごと、もしくは1片ずつ切る。
2 それぞれラップで包む。
3 冷凍用保存袋に入れて冷凍する。

保存期間

2か月

使い方＆食べ方

まるごと冷凍したしょうがは、凍ったまますりおろして使いましょう。必要な分だけ削ったら、残りは再び冷凍保存できます。使う分だけすりおろせるだけでなく、生よりもすりおろしやすいので便利です。1片ずつ切ったものは、凍ったまますりおろせるのはもちろん、室温に3分ほど置けば好きな大きさに切れます。

Memo

おろし金にしょうがの繊維がひっかからない裏ワザ

しょうがは、おろし金にアルミホイルを敷いてすりおろしましょう。アルミホイルごと取り外せるので、おろし金にしょうがの繊維がひっかからず、後片付けがラク。アルミホイルをぎゅっと折りたためば、絞り汁だけを使うこともできます。

にんにく

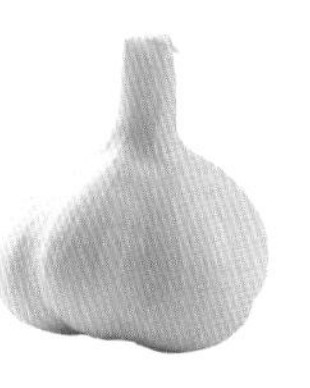

旬　**5**月～**7**月

選び方　粒が大きく、かたくてしまりがあり、ずっしりと重いものを選ぶこと。外皮は白く、芽が出ていないものを選びましょう。

にんにくは**皮つき冷凍**でOK!
皮がむきやすく、
凍ったまま切れます。

冷凍手順

1. 皮を残して1片ずつ分ける。
2. 冷凍用保存袋に入れて冷凍する。

保存期間

2か月

使い方＆食べ方

冷凍したにんにくは、凍ったまま両端を切って皮をむき、生と同じようにすりおろしたり、刻んだりして使えるので便利です。冷凍したにんにくは繊維が壊れているので、風味が溶け出しやすくアップします。唐揚げの下味や炒め物などに使うとおいしいですよ。

mini Recipe

にんにく醤油

材料とつくり方（つくりやすい分量）

にんにくの醤油漬けをつくるなら、冷凍にんにくを使うのがおすすめ。にんにくは冷凍することで繊維が壊れ、風味が溶け出しやすくなります。まるごと、もしくは薄切りにして容器に入れ、かぶるくらいの醤油を注ぐだけ。まるごとなら5日、薄切りなら翌日から使えます。

まとめてつくっておくと便利！

生のまま！切りおき冷凍

まるごとに比べて保存期間は短くなりますが、使う用途が決まっているなら、切って冷凍保存しても便利。使いたい分量だけ取り出せ、凍ったまま煮たり、炒めたりできるので、忙しいときにでもすぐに調理ができます。ここでは、おすすめ野菜のよく使う切り方でご紹介します。

小松菜

保存期間▼1か月

つくり方▶葉も茎も4cm長さに切る。冷凍用保存袋に入れ冷凍する。
調理例▶煮びたし、中華スープ、小松菜と卵の炒め物、グラタン

トマト

保存期間▼1か月

つくり方▶ヘタを取り、ざく切りにして冷凍用保存袋に入れ冷凍する。
調理例▶トマト煮、ミートソース、カレー、ラタトゥイユ

ゴーヤー

保存期間▼1か月

つくり方▶ワタとタネを取って薄切りにする。水にさらして水けを拭き、冷凍用保存袋に入れ冷凍する。
調理例▶ゴーヤーチャンプル、おひたし

ピーマン

保存期間▼1か月

つくり方▶ヘタとタネを取り、細切りか乱切りにする。冷凍用保存袋に入れ冷凍する。
調理例▶おひたし、無限ピーマン、チンジャオロース、甘辛煮

ズッキーニ

保存期間▼1か月

つくり方▶1cm幅の輪切りやいちょう切りにする。冷凍用保存袋に入れ冷凍する。
調理例▶ナムル、中華炒め、ガーリックソテー、ラタトゥイユ

パプリカ

保存期間▼1か月

つくり方▶ヘタとタネを取り、細切りか乱切りにする。冷凍用保存袋に入れ冷凍する。
調理例▶ピクルス、マリネ、おひたし、オイスターソース炒め

長ねぎ

保存期間▼1か月

つくり方▶小口切りや斜め切りにする。冷凍用保存袋に入れ冷凍する。
調理例▶中華スープ、豚肉とねぎの炒め物、すき焼き、トッピング

玉ねぎ

保存期間▼1か月

つくり方▶薄切りやみじん切りにする。冷凍用保存袋に入れ冷凍する。
調理例▶ハンバーグ、オニオンスープ、生姜焼き、洋風卵スープ

人参

保存期間▼1か月

つくり方▶細切りやいちょう切り、短冊切りにする。冷凍用保存袋に入れ冷凍する。
調理例▶ツナと卵と人参の炒め物、ナムル、キャロットラペ、きんぴら

キャベツ

保存期間▼1か月

つくり方▶一口大や1cm幅の短冊切りにする。冷凍用保存袋に入れ冷凍する。
調理例▶卵炒め、ホイコーロー、煮びたし、塩鍋、塩昆布和え

しめじ

保存期間▼1か月

つくり方▶根元を切ってほぐす。冷凍用保存袋に入れ冷凍する。
調理例▶煮びたし、ナムル、バターポン酢炒め、味噌汁

白菜

保存期間▼1か月

つくり方▶一口大や芯はそぎ切りにする。冷凍用保存袋に入れ冷凍する。
調理例▶ちゃんこ鍋、煮びたし、クリーム煮、白菜のあんかけ

にら

保存期間▼1か月

つくり方▶3〜4cm長さに切る。冷凍用保存袋に入れ冷凍する。
調理例▶にらもやし炒め、韓国風チヂミ、中華スープ、にら玉

かぼちゃ

保存期間▼1か月

つくり方▶2〜3cmの角切りや薄切りにする。生のまま冷凍用保存袋に入れ冷凍する。
調理例▶かぼちゃの煮物、フライ、天ぷら、揚げびたし、コロッケ

しょうが&にんにく

保存期間▼1か月

つくり方▶薄切りや千切りにする。冷凍用保存袋に入れ冷凍する。
調理例▶しょうがスープ、牛丼、ガーリック炒め、アヒージョ

まとめてつくっておくと便利！

切りおき冷凍ミックス

数種類の野菜を切ってひと袋にまとめた、切りおき冷凍ミックスも便利です。調理に使う食材をまとめてカットしておけば、調理のたびに準備する手間も省け、味付け次第でバリエーションも広がります。ここでは、おすすめの組み合わせをご紹介します。

洋風野菜ミックス

保存期間▼1か月

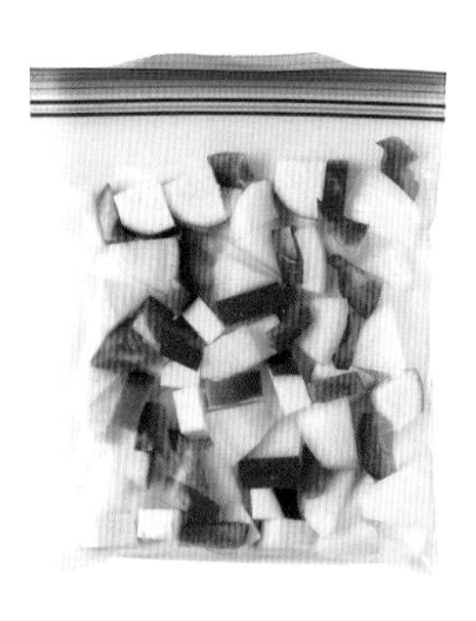

つくり方▶2cmの角切りにした玉ねぎ、赤パプリカ、2cm幅のいちょう切りにしたズッキーニを合わせ、冷凍用保存袋に入れ冷凍する。

調理例▶スパニッシュオムレツ、ドライカレー、ラタトゥイユ、パスタ

きのこミックス

保存期間▼1か月

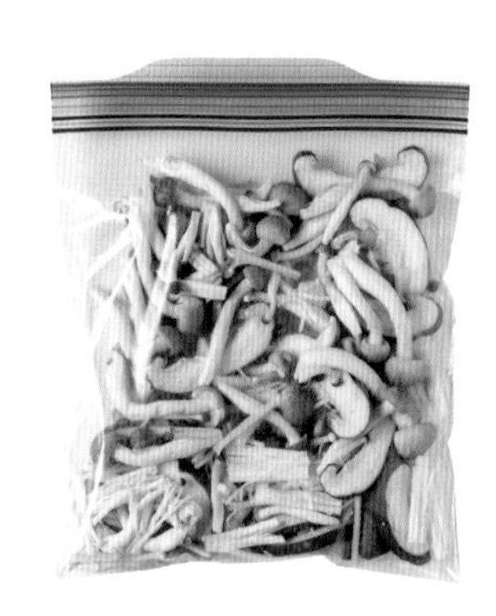

つくり方▶好みのきのこを数種類用意し、根元を切り落としてほぐすか、食べやすく切って合わせ、冷凍用保存袋に入れ冷凍する。

調理例▶ホイル焼き、ハヤシライス、鶏のクリーム煮、きのこパスタ

炒め野菜ミックス

保存期間▼1か月

つくり方▶ざく切りにしたキャベツ、細切りにした人参とピーマンを合わせ、冷凍用保存袋に入れ冷凍する。

調理例▶肉野菜炒め、コンソメスープ、焼きそば、味噌ラーメン

根菜ミックス

保存期間▼1か月

つくり方▶薄いいちょう切りにした大根とれんこん、そぎ切りにしたごぼうを合わせ、冷凍用保存袋に入れ冷凍する。

調理例▶けんちん汁、和風カレー、きんぴら、甘酢炒め、煮物

郵便はがき

料金受取人払郵便

豊島局承認

8407

差出有効期間
2022年4月30日
まで

1708780

052

東京都豊島区南大塚2-32-4
パイ インターナショナル 行

追加書籍をご注文の場合は以下にご記入ください

●小社書籍のご注文は、下記の注文欄をご利用下さい。**宅配便の代引**にてお届けします。代引手数料と送料は、ご注文合計金額（税抜）が5,000円以上の場合は無料、同未満の場合は代引手数料300円（税抜）、送料600円（税抜・全国一律）。乱丁・落丁以外のご返品はお受けしかねますのでご了承ください。

注文書

ご注文書籍名	冊数	お支払額
	冊	円
	冊	円
	冊	円
	冊	円

●**お届け先は裏面に**ご記載ください。
（発送日、品切れ商品のご連絡をいたしますので、必ずお電話番号をご記入ください。）

●電話やFAX、小社WEBサイトでもご注文を承ります。
https://www.pie.co.jp　TEL：03-3944-3981　FAX：03-5395-4830

ご購入いただいた本のタイトル　　　　　　ご記入日：　　　年　　月　　日

●普段どのような媒体をご覧になっていますか？（雑誌名等、具体的に）

雑誌（　　　　　　　　　　）WEBサイト（　　　　　　　　　　）

●この本についてのご意見・ご感想をお聞かせください。

●今後、小社より出版をご希望の企画・テーマがございましたら、ぜひお聞かせください。

<table>
<tr><td colspan="3">お客様のご感想を新聞等の広告媒体や、小社Facebook・Twitterに匿名で紹介させていただく場合がございます。不可の場合のみ「いいえ」に○を付けて下さい。　いいえ</td></tr>
<tr><td>性別　男・女</td><td>年齢　　歳</td><td>ご職業</td></tr>
<tr><td colspan="3">フリガナ
お名前</td></tr>
<tr><td colspan="3">ご住所（〒　　—　　）　TEL</td></tr>
<tr><td colspan="3">e-mail
PIEメルマガをご希望の場合は「はい」に○を付けて下さい。　はい</td></tr>
</table>

ご記入ありがとうございました。お送りいただいた愛読者カードはアフターサービス・新刊案内・マーケティング資料・今後の企画の参考とさせていただき、それ以外の目的では使用いたしません。
読者カードをお送りいただいた方の中から抽選で粗品をさしあげます。

5486 野菜冷凍

千切り野菜ミックス

保存期間▼1か月

つくり方▶千切りにした玉ねぎ、人参、ピーマンを合わせ、冷凍用保存袋に入れ冷凍する。
調理例▶南蛮漬け、中華スープ、甘酢あんかけ、野菜炒め

ピラフミックス

保存期間▼1か月

つくり方▶1cm角に切った玉ねぎ、ピーマン、人参を合わせ、冷凍用保存袋に入れ冷凍する。
調理例▶チャーハン、ガパオ炒め、洋風スープ、クリーム煮

スープミックス

保存期間▼1か月

つくり方▶ざく切りにした白菜、斜め薄切りにした長ねぎ、千切りにしたしょうがを合わせ、冷凍用保存袋に入れ冷凍する。
調理例▶味噌汁、中華スープ、あんかけ、豚バラ白菜のうま煮

中華ミックス

保存期間▼1か月

つくり方▶もやし、3cm長さに切ったにら、薄切りにしたにんにくを合わせ、冷凍用保存袋に入れ冷凍する。
調理例▶にら玉もやし炒め、オイスター炒め、中華スープ、ナムル

COLUMN 2

捨てたらもったいない！
野菜の皮や芯の活用方法

なにげなく捨ててしまっていた野菜の皮や芯には、実は栄養がたくさん詰まっています。よく洗って汚れを落としたら、まるごと調理や捨てずに活用しましょう。食品ロスの削減にもつながります。

人参の皮

人参は皮とその周辺にβ-カロテンなどの栄養素が多く含まれているので、皮をむかずに調理しましょう。葉にも根にはない栄養素がたっぷり含まれているので見つけたら積極的に購入を！

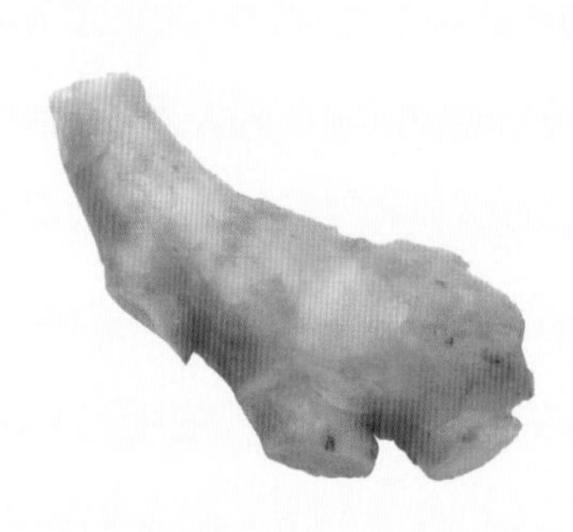

しょうがの皮

しょうがの栄養素は皮のすぐ下に多く含まれているので、すりおろしたり、刻んだりするときは皮ごと調理を心がけましょう。乾燥しないように濡れたペーパーで包んでから保存すると長持ちします。

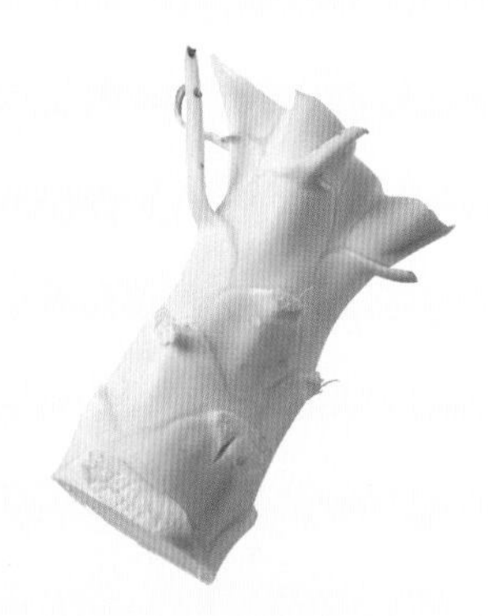

ブロッコリーの茎

茎にはビタミンや食物繊維などの栄養素がつぼみよりも多く含まれています。皮を厚めにむいたら薄切りやみじん切りにして炒め物やスープに。つぼみとは違うシャキシャキ感が楽しめます。

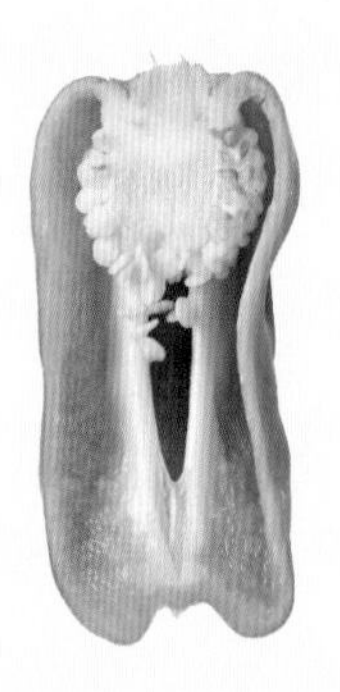

ピーマンのワタ＆タネ

ピーマンのワタとタネ。苦くても栄養がたっぷり含まれているので、まるごと食べたほうがお得。その量はなんと皮の10倍です。ワタつきの野菜炒めや肉詰めの他、まるごと煮びたしもおすすめです。

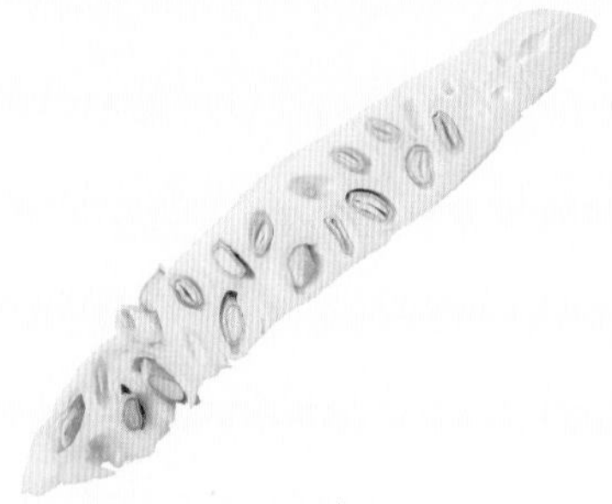

ゴーヤーのワタ

ゴーヤーのワタにはビタミンCが果肉よりも多く含まれています。ワタからタネを取り、卵スープにしてもおいしいですよ。溶き卵にくぐらせて焼けば、ほろ苦さが楽しめる大人風味のピカタに！

かぼちゃのワタ＆タネ

実よりもワタ＆タネのほうが栄養豊富。ワタは実と一緒に煮たり、片栗粉をまぶして揚げたり。タネは電子レンジやオーブンでローストすれば、やさしい甘みと香ばしさが楽しめるおやつになります。

Part 3

便利なまるごと冷凍！「果物」

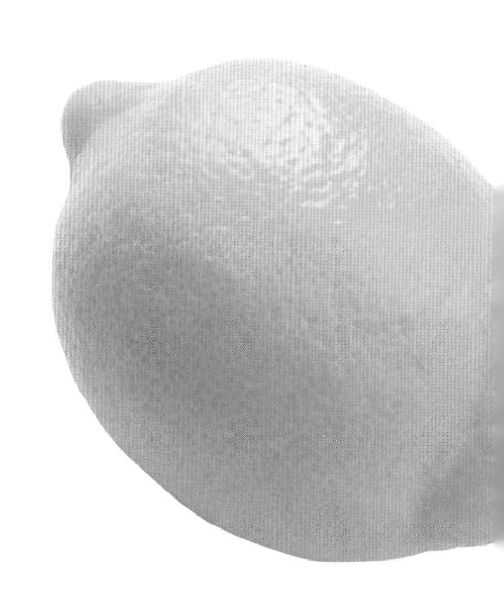

アボカド

旬　輸入しているので通年

選び方　皮にハリとつやがあり、色は黒と緑の中間のものを選びましょう。春先は脂肪分が多く、夏から秋は脂肪が少なめであっさり。

半解凍するだけで、**アイスクリーム**のような**食感**が楽しめる！

冷凍手順

1　冷凍用保存袋に入れて冷凍する。

※アボカドは熟したものを冷凍しましょう。厚い皮がラップ代わりになり、おいしさをキープしてくれます。

保存期間

6か月

使い方&食べ方

冷凍アボカドは室温に20分ほど置いておくと半分に切れます。はちみつとシナモンをかけるだけで、素材が持つ自然な味を生かした無添加アイスの完成（写真）。その他、つぶしてディップ、角切りにしてサラダ、薄切りにしてグラタンなど幅広く使えます。

Memo

アボカドの冷蔵保存は玉ねぎが新常識！

半分残ったアボカドは酸化によって切り口が黒ずんでしまうので、切り口にレモン汁をかけて保存するのが有名ですよね？　でも、保存容器に玉ねぎのスライスと一緒に入れておけば変色しないんです。ぜひ、レモンがないときに試してみてください。

アボカドディップと
ゆで卵のサラダ

アボカドディップを使った色鮮やかなボリュームサラダです。

材料（2人分）

冷凍アボカド　1個
レタス　¼個
卵　2個
黒こしょう　適量
A
- マヨネーズ　大さじ1
- レモン汁　小さじ1
- 塩　少々

つくり方

1　冷凍アボカドは解凍して縦半分に切り、皮とタネを取り、ボウルに入れてなめらかになるまでつぶし、**A**を加えてよく混ぜる。

2　レタスは食べやすくちぎり、冷水にさらしてパリッとさせる。卵は丸みのある方にピンで穴をあけてから沸騰した湯に入れ、10分茹でる。水に取って殻をむき、4等分に切る。

3　器に**2**を盛って**1**をかけ、黒こしょうを振る。

レモン

旬　12月〜1月（国産レモン）

選び方　皮にハリとツヤがあり、なめらかなもの。鮮やかな黄色で、果実が大きいものを選びましょう。

冷凍したレモンをすりおろせば、栄養も香りもムダなし!!

冷凍手順

1 洗って水けを拭く。
2 ラップで1個ずつ包む。
3 冷凍用保存袋に入れて、冷凍する。

※まるごと使える国産の無農薬レモンがおすすめ。香りが飛ばないようにラップで包みましょう。

保存期間

3〜4か月

使い方＆食べ方

凍ったまますりおろせば料理の香りづけに。魚や肉などの臭みを取るだけでなく、レモンの酸味で塩分を控えてもおいしく感じられます。果汁を使いたい場合は、自然解凍をしてから搾ってください。

Memo

レモンは切って冷凍も便利です！

レモンは切ってから冷凍も便利です。薄い輪切りやくし形に切って、ラップで包み、冷凍用保存袋に入れて冷凍しましょう。保存期間は1か月。薄い輪切りならアイスティーやマリネに、くし形ならサワーや自然解凍して唐揚げや焼き魚の添え物に使えます。

鶏のレモン風味カリカリソテー

レモンは皮に香りと栄養があるので、さわやかな香りと一緒に召し上がれ！

材料（2人分）
鶏もも肉　1枚
塩　小さじ1
サラダ油　大さじ1
冷凍レモン　適量
レタス　2枚
トマト（小）　1個

つくり方

1　鶏肉は余分な脂を取り除き、肉の厚いところを開いて半分に切る。皮にフォークでまんべんなく穴をあけ、塩を全体にすり込む。

2　フライパンにサラダ油を入れ中火で熱し、**1**を皮目から入れ、肉がちょうど隠れる大きさの重めの蓋をのせて、3分ほど焼く。

3　皮にきれいな焼き色がついたらひっくり返し、蓋を取ってもう4〜5分ほど焼いて、中までしっかり火を通す。

4　食べやすくちぎったレタスとくし形に切ったトマトを添えた器に**3**を盛り、鶏肉の上に冷凍レモンをたっぷりすりおろす。

冷凍レモンはおろし金ですりおろしましょう。凍ったまますりおろすと、きれいなパウダー状になります。

柚子

旬 10月〜1月

選び方 均整の取れた丸い形をしていて、皮がかたくてゴツゴツしたもの。ヘタが茶色くなっていないものを選びましょう。

凍ったままでも包丁で皮が削れるので、料理の香りづけにも便利です！

冷凍手順

1 洗って水けを拭く。
2 1個ずつラップで包む。
3 冷凍用保存袋に入れて、冷凍する。

※香りが飛ばないようにラップで包みましょう。

保存期間

3〜4か月

使い方＆食べ方

冷凍ゆずは、凍ったまま包丁で皮を削れば、料理の香りづけに。必要な分だけ削ったら、残りは再び冷凍保存できます（写真）。果汁を使いたい場合は、自然解凍をしてから搾ってください。

Memo

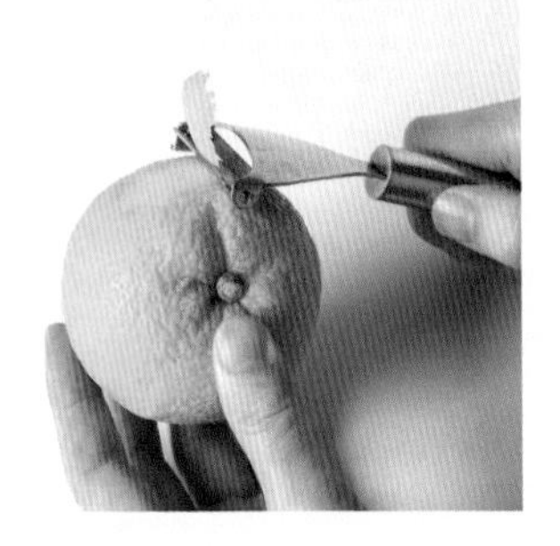

柚子の皮はピーラーなら薄く削れる!!

柚子の皮は包丁で削ると力加減が難しく、白い部分までついてきてしまいます。白い部分には苦みがあるので、簡単に削りたい場合は、包丁ではなくピーラーを使いましょう。ピーラーなら白い部分がつかずに、素早く薄く削れます。

大根の千枚漬け風 ～柚子風味～

柚子の香りがさわやか！　サラダ感覚でたっぷり食べられます。

材料（2人分）

大根　250g

塩　小さじ½

昆布　2cm

冷凍柚子　適量

A
- 水　大さじ2
- 酢　大さじ2
- みりん　大さじ1
- 砂糖　大さじ1
- 赤唐辛子（小口切り）　小さじ⅓

つくり方

1　大根は皮をむいて薄い輪切りにし、塩をふって5分置く。しんなりしたら水けを絞る。

2　昆布は水で戻して細切りにする。冷凍柚子は皮を適量削って細切りにし、残りは再び冷凍する。

3　保存容器に**1**と**2**、**A**を入れ、一晩漬ける。

※保存期間は5日間。

ブルーベリー

旬 **6**月～**8**月

選び方 粒が大きくてハリがあり、皮の色が濃いものを選びましょう。つぶれているものは避けてください。

冷凍することで**栄養価**が**アップ!**
常備しておくと**便利**です。

冷凍手順

1 傷んだ実を取り除く。
2 洗って水けを拭く。
3 冷凍用保存袋に入れて冷凍する。

保存期間

3か月

使い方&食べ方

冷凍ブルーベリーは、凍ったままアイスクリームやヨーグルトにトッピングすると、ひんやり感が楽しめておいしいですよ。スムージーやマフィン、ジャムなどのお菓子作りにも、凍ったまま使えます。

レンチンで! ブルーベリージャム

材料とつくり方(つくりやすい分量)
耐熱ボウルに冷凍ブルーベリー100g、砂糖40g、レモン汁大さじ½を入れて混ぜ、ふんわりとラップをかけ、電子レンジで3分加熱する。アクを取り、スプーンで軽く実をつぶして、ラップをかけずにもう3分加熱する。少量でつくれるので簡単です。

冷凍ブルーベリーとバナナのスムージー

甘酸っぱいブルーベリーと甘いバナナがよく合います。

材料（2人分）

バナナ　1本
冷凍ブルーベリー　100g
飾り用冷凍ブルーベリー・ミント　各適宜

A
- 牛乳　150mℓ
- プレーンヨーグルト　50g
- はちみつ　小さじ1

つくり方

1　バナナは皮をむいてひと口大に切る。

2　ミキサーに**1**と冷凍ブルーベリー、**A**を入れて攪拌する。

3　グラスに注ぎ、あれば冷凍ブルーベリーとミントを飾る。

※牛乳とヨーグルトの割合はお好みで。牛乳を豆乳に変えてもおいしいですよ。

バナナ

旬　輸入しているので通年

選び方　全体に黄色く色づいていて、傷みのないもの。軸がしっかりしているものを選びましょう。

完熟したおいしい状態をキープしてくれます！

冷凍手順

1　房から分ける。
2　冷凍用保存袋に入れて冷凍する。
※バナナは完熟したものを冷凍しましょう。

保存期間

3〜4か月

使い方＆食べ方

バナナは冷凍してもカチカチにはならないので、凍ったままアイスキャンディのように食べられます。凍ったまま皮をむき、パウンドケーキやパイに入れたり、バナナジュースやスムージーにしたり。冷凍しておけば、色々と楽しめます。

Memo

バナナを早く甘くするには!?

買ってきたばかりのバナナを早く甘くしたかったら、エチレンガスを発生するりんごやアボカドと一緒にポリ袋に入れると熟成が早まり、甘くなります。バナナの熟成を抑えたい場合は房から分けて1本ずつラップで包み、ポリ袋に入れて野菜室で保存しましょう。

ひんやりバナナスイーツ

やさしい甘さの超簡単スイーツ

材料（2人分）

冷凍バナナ　1本
ナッツ（砕く）　適量
はちみつ　適量
シナモン　適量
ミント　適宜

つくり方

1　冷凍バナナは電子レンジ（600W）に入れ30秒加熱する。

2　縦半分に切って器に盛る。

3　ナッツを散らし、はちみつをかけてシナモンを振り、あればミントを飾る。

※きなこ＆黒蜜もおいしいですよ。

加熱ムラができるので、2人分つくるときでも冷凍バナナは1本ずつ加熱しましょう。

りんご

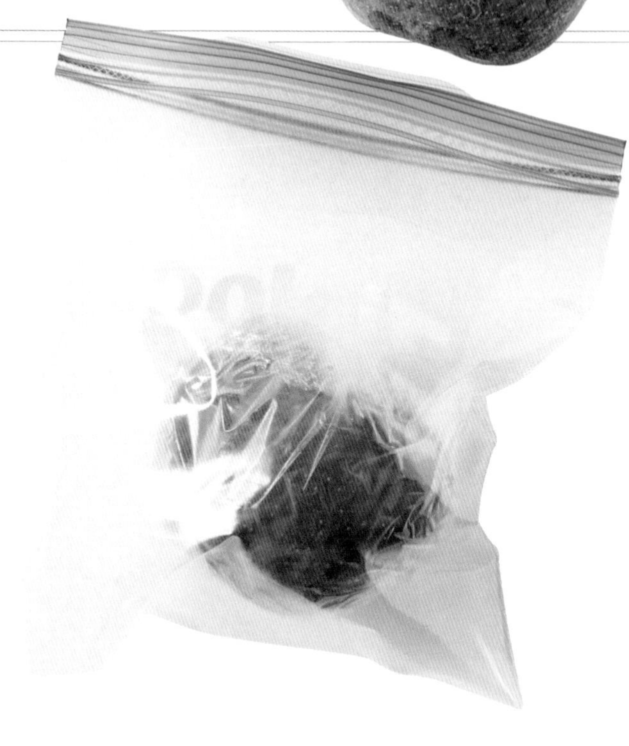

旬　秋から冬にかけて

選び方　おしりのほうまでしっかりと赤く色づいているもの。枝が干からびていないものを選びましょう。

りんごも
まるごと冷凍OK!
甘くなって
シャリシャリの新食感に!

冷凍手順

1 洗って水けを拭く。
2 1個ずつラップで包む。
3 冷凍用保存袋に入れて、冷凍する。

※りんごは皮ごと食べられるので、よく洗ってラップで包んでから冷凍しましょう。

保存期間

2か月

使い方&食べ方

まるごと冷凍したりんごは、室温に20分ほど置いておくと食べやすく切ることができます。包丁で好きな大きさに切り、サラダやヨーグルトのトッピング、シャーベットに。甘みが増し、シャリシャリの新食感が楽しめます。全解凍するとコンポート風の味わいが楽しめます。

Memo

りんごは皮ごと食べるのが栄養面でお得!

りんごは皮にも栄養がたっぷり含まれているので、皮ごと食べるのが栄養面ではお得です。おすすめの切り方が、皮ごと横にカットした「スターカット」。芯をクッキー型で星やハート形に抜けば、見た目もかわいくなります。スターカットにすることで、皮の食感も気になりません。

りんごのシーザーサラダ

ひんやり＆シャリシャリの新食感サラダ！　やみつきです〜。

材料（2人分）

冷凍りんご　1個
リーフレタス　3枚
ベーコン　2枚

A
- 牛乳　大さじ1
- オリーブオイル　大さじ1
- マヨネーズ　大さじ½
- 粉チーズ　大さじ½
- 塩　ひとつまみ
- おろしにんにく　少々

つくり方

1　冷凍りんごは室温に20分ほど置いて半解凍したら、ひと口大に切る。

2　リーフレタスは冷水にさらして水けを切り、食べやすい大きさにちぎる。

3　ベーコンは1cm幅に切り、トースターでカリカリになるまで焼く。

4　器に**1**、**2**、**3**を盛り、よく混ぜ合わせた**A**をかける。

※りんごの量が多すぎるなら、残りは薄切りにしてチーズハニートーストにするとおいしいですよ。

みかん

旬 10月～12月

選び方 皮のオレンジ色が濃く鮮やかでヘタが小さいもの。皮が薄いものを選びましょう。

懐かしの冷凍みかん！
氷の膜が乾燥を
防いでくれます。

冷凍手順

1 洗って水けを拭く。
2 ラップを敷いたトレーに並べて冷凍する。
3 凍ったら水にくぐらせ、再度、ラップを敷いたトレーに並べて冷凍する。
4 冷凍用保存袋に移し保存する。

保存期間

6か月

使い方＆食べ方

冷凍みかんは室温にしばらく置いておくと皮がむけるので、スムージーやシャリシャリとした食感のシャーベットとして食べるとおいしい。ヨーグルトやアイスクリームのトッピングにもおすすめです（写真）。お好みの解凍時間で食べてください。

Memo

白い筋をきれいに取る裏ワザ

みかんの白い筋には栄養があるので取らずに食べたほうがいいのですが、白い筋が苦手な人や小さなお子さん向けに。鍋に湯を沸かして沸騰直前で火を止め、みかんを1分間入れます。取り出して氷水で2～3分ほど冷やし、取り出して皮をむけば、白い筋がきれいに取れてつるつるになります。

いちご

旬　12月～4月

選び方　ツヤとハリがあり、ツブツブがくっきりとして、ヘタがピンとしているものを選びましょう。

いちごは
砂糖をまぶせば、
おいしく
冷凍できるんです!!

冷凍手順

1　洗って水けを拭き、ヘタを取る。
2　冷凍用保存袋に入れて砂糖をまぶす。
3　平らに並べて冷凍する。
※1パックにつき大さじ3の砂糖が目安です。

保存期間

3か月

使い方＆食べ方

いちごは冷凍すると甘みを弱く感じてしまうので、砂糖を加えることで甘みを補い、くっつき防止にもなります。凍ったまま、もしくは半解凍でシャーベットやスムージーに。このまま煮込んでジャムにしてもおいしいですよ。

Memo

いちごの冷蔵保存はアルミホイルが鍵!?

傷むのが早いいちごですが、アルミホイルを使って保存すれば長持ち。アルミホイルを広げて、ヘタが下になるようにいちごを並べ、しっかり密閉して冷蔵室で保存すれば、水分の蒸発を防げるので10日間保存可能。鮮度をキープしてくれます。

柿

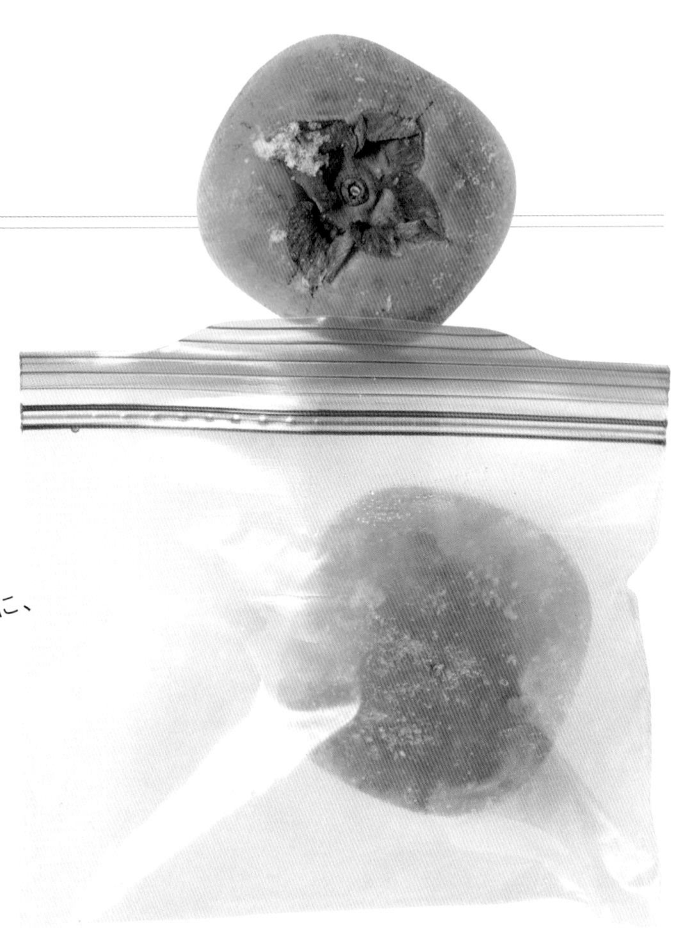

旬 10月～11月

選び方 全体がオレンジ色で、ヘタの付近まで色づいているもの。皮にハリがあるものを選びましょう。

まるごと冷凍するだけなのに、新食感の絶品スイーツに大変身！

冷凍手順

1 洗って水けを拭く。
2 冷凍用保存袋に入れて、冷凍する。

※熟した柿を冷凍したほうが味わいも濃厚。種なしなら解凍後も食べやすい。

保存期間

3～4か月

使い方＆食べ方

冷凍した柿は、室温に10分～20分ほど置いておくと、シャーベットになります。全解凍をしてコンポート風の食感を味わうのもおすすめ。解凍した柿は皮がすべってむきにくいので、凍ったまま熱湯にサッとくぐらせて表面だけを解凍すると、皮がむきやすくなります。

mini Recipe

柿のシャーベット

材料とつくり方（1人分）

冷凍した柿は、半解凍で食べると、ひんやり＆とろりとした新食感のシャーベットに！　室温に10分ほど置いたら、ヘタがついている上のほうを蓋のように少し切り落とし、好みの溶け具合になったら食べてみて！　ラム酒や日本酒などをちょっと垂らしても美味。

栗

旬　9月〜10月

選び方　表面の鬼皮がかたくてハリがあり、丸みがあるもの。光沢があるものを選びましょう。

栗は冷やして保存すると糖度がアップ！皮もむきやすくなります。

冷凍手順

1　洗って水けを拭く。
2　冷凍用保存袋に入れて冷凍する。

※ラップで包まなくても、分厚い鬼皮が中の身の乾燥を防いでくれます。

保存期間

4か月

使い方＆食べ方

冷凍した栗は、凍ったまま熱湯から茹でれば茹で栗に。1％の塩を加えて茹でると栗の甘みが引き立ちます。皮をむいて（Memoで紹介）栗ごはん、甘露煮、蒸したりつぶしたりしてスープにするなど、幅広く楽しめます。

Memo

生栗は冷凍すれば皮が簡単にむけるんです！

栗は生のまま冷凍すれば皮むきが簡単に。ボウルに冷凍栗を入れて熱湯を注ぎ5分置きます。手で持てるようになったら、おしり側を薄く切り落とし、頭に向かって包丁でむけば、鬼皮も渋皮も簡単にむけますよ。使う前日に冷凍してもOK。ぜひ試してみてください。

いちじく

旬 6月～10月

選び方 皮にハリがあってしぼんでいないもの。ぽってりと丸みがあり、赤紫に色づいているものが食べごろです。

凍らせるとシャリシャリ、解凍すればコンポート風の食感に！

冷凍手順

1 洗って水けを拭く。
2 1個ずつラップで包む。
3 冷凍用保存袋に入れて冷凍する。

※いちじくの皮は薄いので、ラップで包んでから冷凍しましょう。

保存期間

3か月

使い方＆食べ方

冷凍いちじくは水にさらせば皮がツルンとむけます（写真）。凍ったまま、もしくは半解凍でシャーベット、全解凍してコンポート風の食感を味わうのも◎。

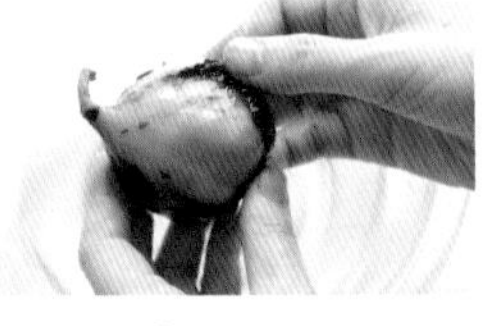

mini Recipe

ひんやりいちじくと生ハムのオードブル

材料とつくり方（2人分）

冷凍いちじく2個は水にさらして皮をむき、室温に5分ほど置いてから4等分に切る。生ハムとミントと一緒に器に盛り、オリーブオイルをかけて黒こしょうを振る。半解凍はもちろん、完全に溶かしてコンポート風の食感で味わうのもおすすめ。

ぶどう

旬　7月〜9月

選び方　皮の色が濃くてハリがあり、枝がしおれていないもの。

冷凍手順

1　枝を5ミリほど残して、1粒ずつハサミで切り離す（写真）。
2　洗って水けを拭く。
3　冷凍用保存袋に入れて、冷凍する。

※手でもぎ取ると穴から水分が抜けて劣化しやすくなるのでハサミを使って！

保存期間

3〜4か月

使い方＆食べ方

凍ったまま水にさらせば、皮がツルンとむけます。半解凍でシャーベット、皮ごとスムージーにしても◎。

キウイ

旬　9月〜12月

選び方　傷がなく、まんべんなく産毛があるもの。

冷凍手順

1　洗って水けを拭く。
2　冷凍用保存袋に入れて、冷凍する。

保存期間

3〜4か月

使い方＆食べ方

冷凍キウイは、凍ったまま水にさらせば皮がツルンとむけます。半解凍でシャーベットやスムージー、刻んでヨーグルトにトッピングしても。

COLUMN 3

ムダを出さない！
冷蔵庫収納のコツ〜冷凍室編〜

おいしく保存するためには、冷凍室の開閉時間を短くして、庫内の温度上昇を防ぐこと。定位置を決め、見やすくて取り出しやすい収納を心がけましょう。

収納は7割程度にする

冷凍室はたくさん詰めることで冷気が逃げにくく、節電にもつながりますが、詰めすぎると食材がすぐに取り出せず逆効果。冷凍室の収納量は、食材が取り出しやすい7割程度を心がけましょう。

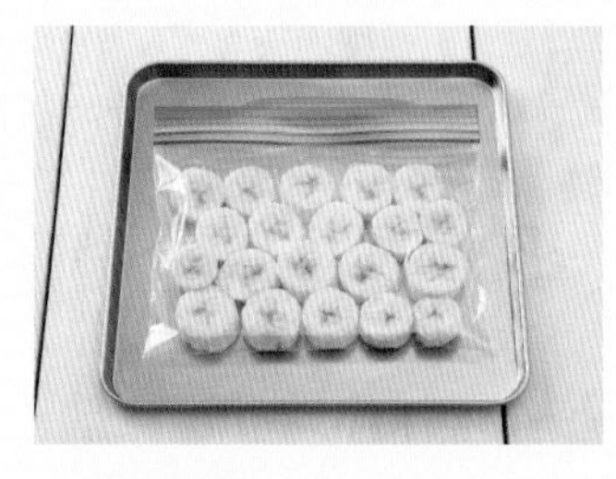

急速冷凍スペースを作る

おいしく冷凍するには食材をできるだけ短時間で凍らせることがポイントに！　急速冷凍室を活用するか、なければ庫内の上段に金属トレイを置いて急速冷凍スペースを作りましょう。

薬味はカゴにまとめる

料理の彩りや風味づけに便利な薬味は、庫内で迷子になりやすいので、上段にかごを置いて1か所にまとめておきましょう。見えやすい場所に置くことで積極的に使えます。

下段は立てて収納する

食材を上に重ねてしまうと下のものが取り出しにくくなってしまうので、立てて収納しましょう。金属製のブックスタンドを利用すれば全体が見やすくなり、冷却効果も高まります。

見える位置にラベルを貼る

立てて収納したときに見やすいよう、袋の上にラベルを貼りましょう。マスキングテープなどに中身や日付を記入しておけば、袋を持ち上げなくてもすぐに探せます。

箱から出して保存する

個別包装で箱入りのアイスなどは、中身が少なくなるとムダなスペースを生む原因に。冷凍用保存袋を外側に折り曲げ、箱から出したアイスを入れれば収納もコンパクトになります。

※種類別にエリアを決める

種類別に収納エリアを決めておくと、冷凍した食材が探しやすくなります。
「肉や魚」「葉物野菜」「根菜」「冷凍食品」で分けるなど、
収納場所のルールを決めておきましょう。

Part 4

便利なまるごと冷凍!

「その他」

卵

賞味期限が長く、光に透かして明るい部分が小さいものを選びましょう。基本的に白色でも茶色でも味や栄養価は同じです。

冷凍すると黄身がモチモチ食感に。味わいも濃厚でクリーミー！

冷凍手順

1 ひとつずつラップで包む。
2 冷凍用保存袋に入れて冷凍する。

※卵は凍ると中身が膨張をしてヒビが入りますが、問題ありません。

保存期間

2 か月

使い方＆食べ方

冷凍した卵は、水にさらすと簡単に殻がむけます（写真）。凍ったまままるごと調理すれば、てんぷらやスコッチエッグに。常温解凍すれば、卵黄は卵かけごはんや醤油漬け。卵白は味噌汁やスープなどに使えます。

Memo

卵1個で目玉焼きを2個つくる！

冷凍卵1個で、2つの目玉焼きをつくる方法です。殻をむいたら黄身がちょうど半分になるよう縦に切り、サラダ油を敷いたフライパンに卵の断面を下にして入れ、中火にかける。蓋をして、卵が好みの焼き加減になれば完成です。小さなお子さんも大喜び!!

冷凍卵の巾着煮

冷凍卵を使えば、油揚げに入れるのも簡単です！

材料（2人分）

冷凍卵　4個

油揚げ　2枚

茹でた青菜　適宜

A
- 水　300mℓ
- 醤油　大さじ2
- みりん　大さじ1
- 酒　大さじ1
- 砂糖　小さじ2
- 顆粒和風だし　小さじ1

つくり方

1　油揚げは半分に切って袋を開く（開きにくい場合は麺棒を転がす）。

2　冷凍卵は水をかけて殻をむき、**1**に入れて爪楊枝で口をとめる。

3　鍋に**A**を入れて中火にかけ、沸騰したら**2**を並べ入れ、落とし蓋をして弱めの中火で7〜8分ほど煮る。

4　器に盛り、あれば青菜を添える。

豆腐

豆乳ににがりを加え型で固めたもの。絹は水分を多く含んでいるので舌触り滑らか。木綿は圧力を加えて水分を抜いているのでしっかり食感。

冷凍することで水分が抜け、肉のような弾力のある食感に！

冷凍手順

1 パックのまま冷凍する。

※絹豆腐、木綿豆腐、どちらも冷凍可能。絹ごし豆腐は生湯葉を重ねたような新食感になり、木綿豆腐は高野豆腐のように噛み応えが増します。

保存期間

3か月

使い方＆食べ方

冷凍した豆腐は、前日から冷蔵室で解凍して使うか、急いでいる場合はパックごと水にひたして流水解凍する。解凍後は水けを絞って（写真）食べやすく切り、煮物や炒め物に。水けを絞って手でほぐせば、ひき肉の代わりになります。

Memo

豆腐の水切りは、レンジで3分！

30分ほどかかってしまう豆腐の水切りですが、電子レンジならたったの3分なので時短に。ペーパータオルを2枚重ねて豆腐を包み、重なっている部分を下にしたら耐熱皿に置きます。電子レンジに3分ほどかければOKです。加熱後は熱いので、軽く冷ましてから使って。

冷凍豆腐のガパオライス

冷凍絹ごし豆腐をお肉の代わりに使って、ヘルシーに仕上げます。

材料（2人分）

冷凍絹ごし豆腐　1丁
パプリカ　½個
玉ねぎ　¼個
サラダ油　大さじ1
にんにく（みじん切り）　1片分
豆板醤　小さじ⅓
バジルの葉　10枚
ごはん　茶碗2杯分
温泉卵　2個

A
- オイスターソース　小さじ2
- ナンプラー　小さじ1
- 酒　小さじ1
- 砂糖　小さじ1

つくり方

1　冷凍豆腐は解凍して水気をしっかりと絞り、ボウルに入れ細かくほぐす。パプリカと玉ねぎは1cm角に切る。

2　フライパンにサラダ油とにんにく、豆板醤を入れて弱火にかけ、香りが出たら**1**を加え中火で炒める。

3　全体に火が通ったら**A**を加えて炒め合わせ、半分にちぎったバジルを入れて軽く混ぜる。

4　器にごはんと**3**を盛り、温泉卵をのせる。

油揚げ

薄切りにした豆腐を揚げたもので、中までしっかり揚がっている。長方形だけでなく、地域によって形はさまざま。

凍ったまま焼いたり切れるので、冷凍しておくと便利です!!

冷凍手順

1　1枚ずつラップで包む。
2　冷凍用保存袋に入れて冷凍する。

※未開封なら袋のまま冷凍してもOK！

保存期間

1 か月

使い方＆食べ方

冷凍した油揚げは、冷蔵室で解凍すれば普段通りに使えます。凍ったままトースターで焼いたり、包丁で切ったり、手で割ったりもできるので、味噌汁や煮物の具材にも便利。油抜きは不要ですが、気になる場合は、凍ったままザルにのせて熱湯をかければ簡単です。

Memo

包丁＆まな板を汚さない油揚げの切り方

油揚げを切る時は袋から取り出さずに、袋の上から切るとまな板や包丁が汚れません。袋の口を開いたら、包丁を押したり引いたりするのではなく、包丁を真上からまっすぐ下におろすだけ。油揚げが袋の中で好きな大きさにカットできます。

納豆

大豆を納豆菌で発酵させた発酵食品。栄養バランスに優れ、毎日食べたい健康食品のひとつです。

冷凍しても
納豆菌は**死滅**しないので、
栄養も**キープ**できます!!

冷凍手順

1　パックごと冷凍用保存袋に入れて冷凍する。

※タレも一緒でOK。納豆は庫内の臭いを吸収しやすいので、必ず冷凍用保存袋に入れましょう。

保存期間

2〜3か月

使い方＆食べ方

冷凍した納豆は、食べる前日に冷蔵室で解凍するか、凍ったまま調理する。味噌汁やスープなら凍ったまま加えるだけ。解凍したものは食感が少しやわらかくなりますが、おいしく食べられます。

Memo

凍ったまま刻めばひきわり納豆に！

納豆は凍ったままパックから取り出し、室温に5分ほど置いてから包丁で細かく刻めば、ひきわり納豆になります。凍っていることで糸を引かないので、驚くほどサクサクと刻めます。包丁もまな板もあまり汚れません。

こんにゃく

こんにゃく芋を乾燥させて、精粉にしてこね、型に流して茹でたもの。お手頃価格のヘルシー食材です。

水分が**抜**けて**噛み応え**が増し、
味の**染み込み**もよくなります！

冷凍手順

1　袋のまま冷凍する。

※アク抜き不要のこんにゃくが、まるごと冷凍にはおすすめです。

保存期間

3か月

使い方＆食べ方

冷凍こんにゃくは、前日から冷蔵室で解凍して使うか、急いでいる場合はパックごと水にひたして流水解凍を。解凍したら食べやすく切って水分を絞ります。サラダや和え物、煮物はもちろん、唐揚げやとんかつ風など、お肉代わりとしても使えます。

mini Recipe

冷凍こんにゃくの唐揚げ

材料とつくり方（2人分）

冷凍こんにゃく1枚は解凍して8等分に切り、水けを絞る。醤油・酒各大さじ1、みりん小さじ1、塩・しょうが・にんにくのすりおろし各少々を加え混ぜて20分ほど置き、片栗粉適量をまぶしてから170度の油で3分ほど揚げる。弾力弾のあるお肉のような食感になるので、鶏肉の代わりとして楽しめます。

ちくわ

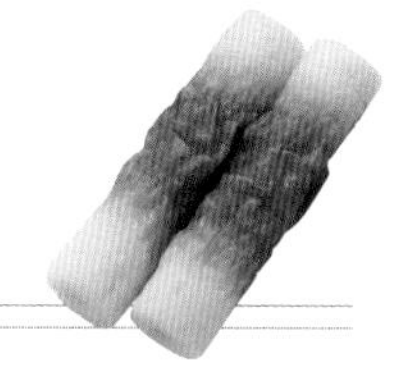

スケトウダラなどのすり身を、竹などの棒に巻きつけて焼いたもの。

食べ応えアップ！
おかずやおつまみに
大活躍。

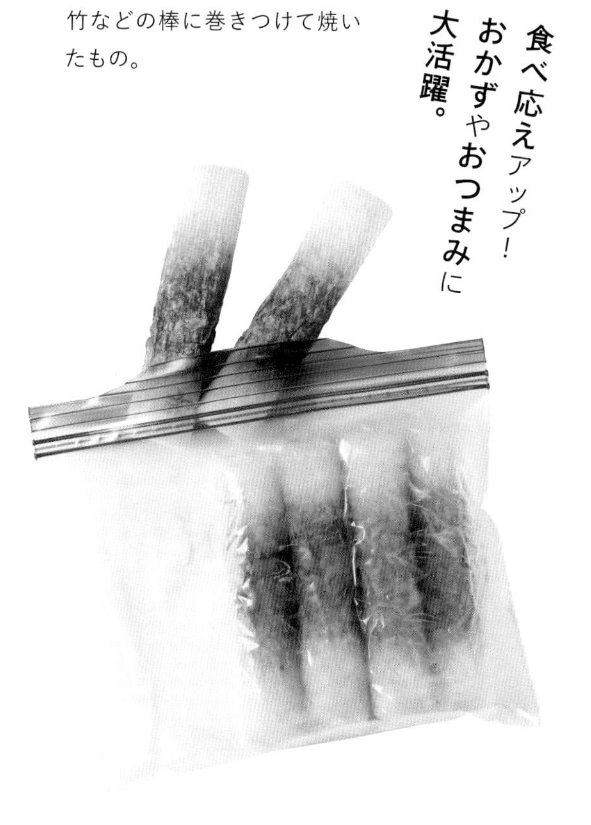

冷凍手順

1　使いやすく小分けにしてラップで包む。
2　冷凍用保存袋に入れて、冷凍する。

※未開封なら袋のまま冷凍してもOK！

保存期間

2か月

使い方＆食べ方

冷蔵室で解凍して普段通りに使う。凍ったままでも包丁で切れるので、煮物や炒め物、揚げ物に便利。冷凍することで味が染み込みやすくなり、弾力が少しだけアップします!!

ソーセージ

肉類を細かく切って調味し、腸などに詰めて茹でた食肉加工食品。

食感や味に変化なし。
パックごと
冷凍もOK！

冷凍手順

1　使いやすく小分けにしてラップで包む。
2　冷凍用保存袋に入れて、冷凍する。

※未開封なら袋のまま冷凍してもOK！

保存期間

2か月

使い方＆食べ方

冷蔵室で解凍して普段通りに使うか、凍ったままなら茹でたり、ポトフにしたり。室温に5～10分ほど置いておくと好きな大きさに切れるので、炒め物にも使えます。加熱して食べましょう。

食材別

INDEX

料理別

[メインのおかず]

[副菜]

[おつまみ]

[ごはんもの・麺]

[スープ]

[おやつ]

島本美由紀

料理研究家・ラク家事アドバイザー

旅先で得たさまざまな感覚を料理や家事に活かし、誰もがマネできるカンタンで楽しい暮らしのアイデアを提案。冷凍保存のスペシャリストとしても活動し、親しみのある明るい人柄で、テレビや雑誌、講演会を中心に多方面で活躍。食品ロス削減アドバイザーや防災士の肩書も持つ。『野菜保存のアイデア帖』（パイ インターナショナル）など、著書は60冊を超える。

http://www.shimamotomiyuki.com/

野菜まるごと冷凍テクニック

2021年4月20日 初版第1刷発行

著者　島本美由紀

写真　安部まゆみ

デザイン　嘉生健一

スタイリング　深川あさり

調理アシスタント　原久美子

校正 佐藤知恵

編集 諸隈宏明

発行人　三芳寛要

発行元　株式会社パイ インターナショナル

〒170-0005 東京都豊島区南大塚 2-32-4

TEL　03-3944-3981

FAX　03-5395-4830

sales@pie.co.jp

印刷・製本　図書印刷株式会社

ISBN 978-4-7562-5486-3 C 0077

Printed in Japan